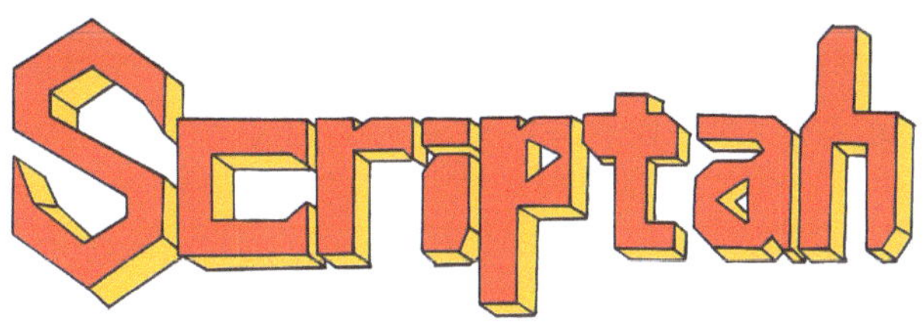

Fernando Rebouças

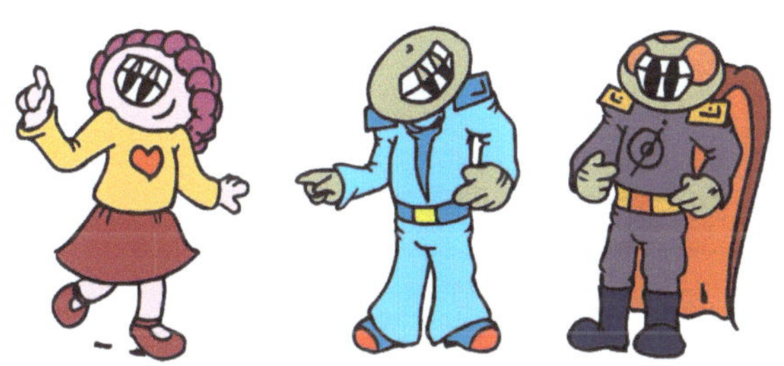

Scriptah – O Universo Infinito

O Universo é infinito? Ele possui origem e ponto final? Ou sempre está se expandindo? Independente se podemos pensar no universo como um ambiente finito, infinito ou eterno, os personagens começam a enxergar para o infinto como algo que possui tempo e espaço em constante expansão.

Mas, sem nos prendermos somente às ciências astrofísicas, neste livrinho em quadrinhos no qual apresentamos o episódio número 10: "Scriptah – O Universo Infinto", os personagens retornam ao planeta "Scriptah 01" em busca de reencontrar e de salvar a Rainha Scriptah e utilizam o universo infinito como força para enfrentar o vilão Maddyx.

Você, querido leitor, está convidado a ler esta história e reler as histórias anteriores pertencentes a essa intensa saga que os personagens de Scriptah enfrentam para compreender o universo, o tempo e o espaço, ao mesmo tempo que lutam contra as forças do buraco negro de Maddyx.

Mas, será que as aventuras da coleção principal de Scriptah serão encerradas neste livrinho número 8 da coleção? De todo modo é proibido escrever a palavra "fim" no término de todas as histórias em quadrinhos de Scriptah, pois se os próprios personagens convivem com a ciência que afirma que o universo é infinito e eterno, as histórias de Scriptah nunca devem ter um final definitivo, mesmo que as histórias continuem em novos quadrinhos ou, de alguma forma, na mente dos leitores. Ou quem sabem, em outros universos paralelos...

Respeitar a vida é respeitar o universo. Desejo uma boa leitura para você.

Fernando Rebouças
Desenhista, escritor e editor

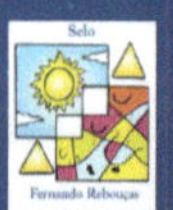

Scriptah - O Universo Infinto.

Obra e personagens registrados no Escritório de Direitos Autorais - FBN Ministério da Cultura do Brasil

Selo Fernando Rebouças Editorial

Desenho, roteiro e criação:
Fernando Rebouças

Criação, finalização e diagramação:
Fernando Rebouças

Divulgação:
Site Oiarte.com

Contatos:

www.scriptah.oiarte.com
oiartesite@gmail.com
scriptahsite@gmail.com

Caixa Postal: 100.057

CEP: 24020-971

Niterói-RJ

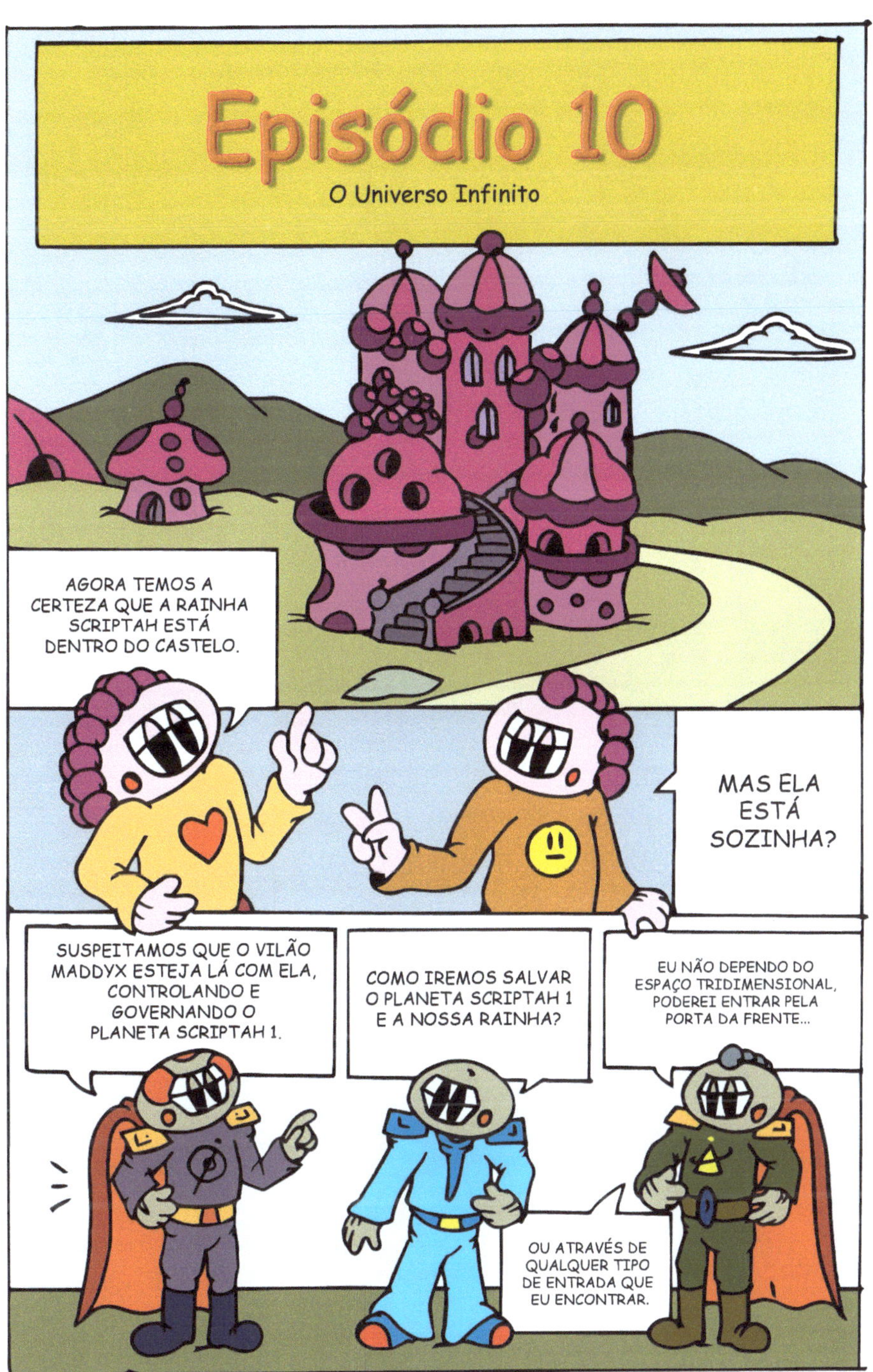
Episódio 10
O Universo Infinito
AGORA TEMOS A CERTEZA QUE A RAINHA SCRIPTAH ESTÁ DENTRO DO CASTELO.
MAS ELA ESTÁ SOZINHA?
SUSPEITAMOS QUE O VILÃO MADDYX ESTEJA LÁ COM ELA, CONTROLANDO E GOVERNANDO O PLANETA SCRIPTAH 1.
COMO IREMOS SALVAR O PLANETA SCRIPTAH 1 E A NOSSA RAINHA?
EU NÃO DEPENDO DO ESPAÇO TRIDIMENSIONAL, PODEREI ENTRAR PELA PORTA DA FRENTE...
OU ATRAVÉS DE QUALQUER TIPO DE ENTRADA QUE EU ENCONTRAR.

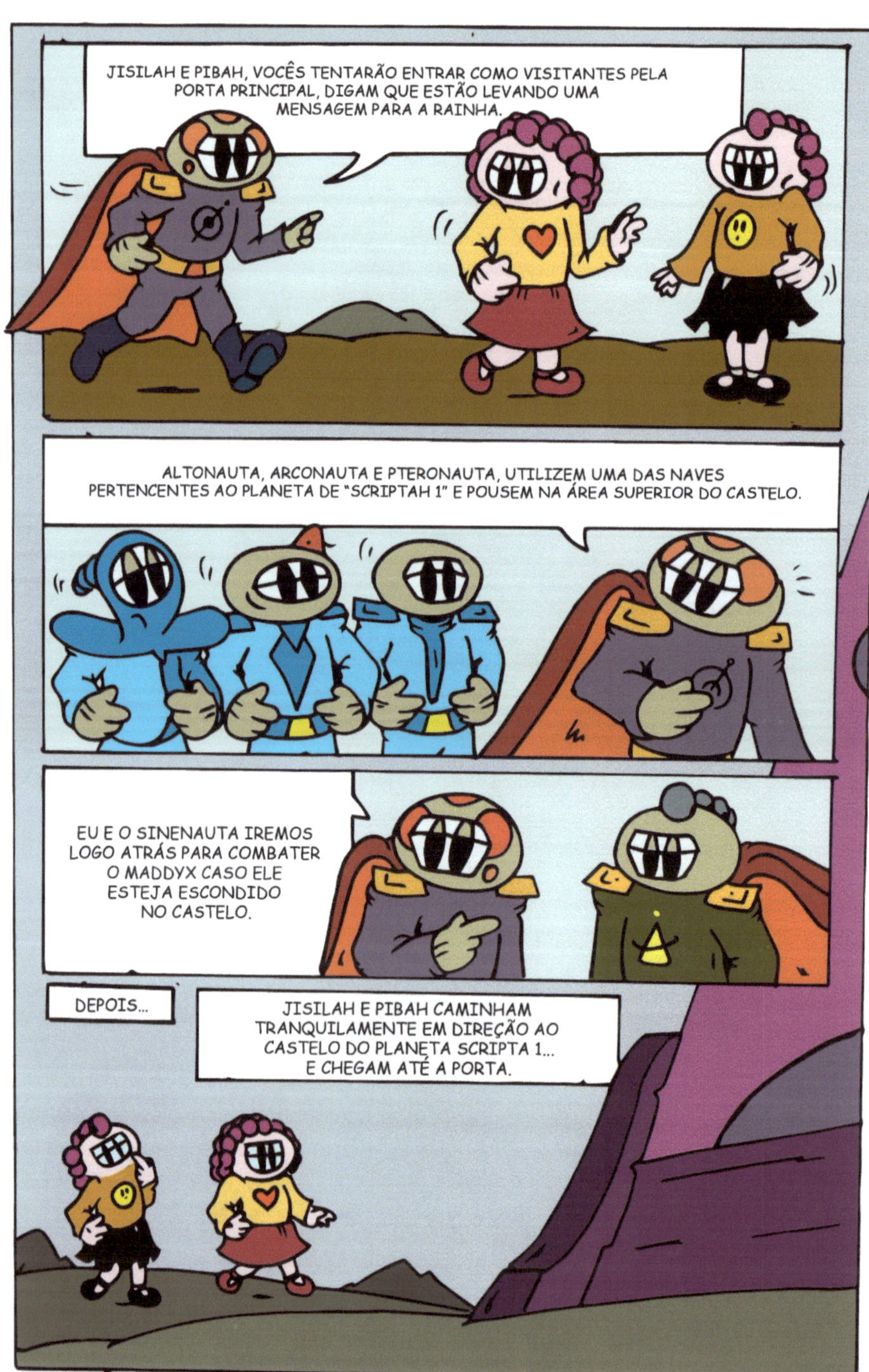
JISILAH E PIBAH, VOCÊS TENTARÃO ENTRAR COMO VISITANTES PELA PORTA PRINCIPAL, DIGAM QUE ESTÃO LEVANDO UMA MENSAGEM PARA A RAINHA.
ALTONAUTA, ARCONAUTA E PTERONAUTA, UTILIZEM UMA DAS NAVES PERTENCENTES AO PLANETA DE "SCRIPTAH 1" E POUSEM NA ÁREA SUPERIOR DO CASTELO.
EU E O SINENAUTA IREMOS LOGO ATRÁS PARA COMBATER O MADDYX CASO ELE ESTEJA ESCONDIDO NO CASTELO.
DEPOIS...
JISILAH E PIBAH CAMINHAM TRANQUILAMENTE EM DIREÇÃO AO CASTELO DO PLANETA SCRIPTA 1... E CHEGAM ATÉ A PORTA.

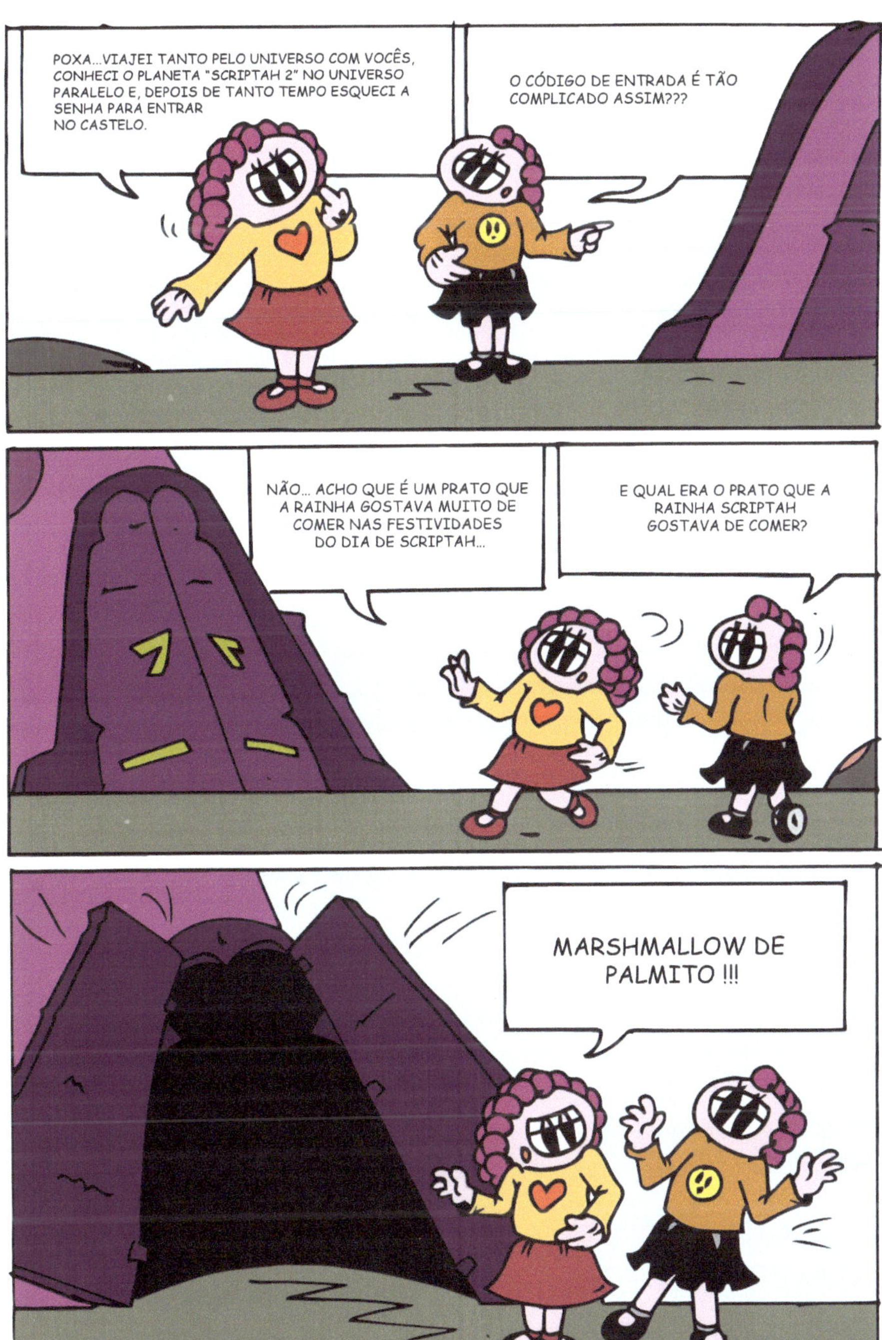
POXA...VIAJEI TANTO PELO UNIVERSO COM VOCÊS, CONHECI O PLANETA "SCRIPTAH 2" NO UNIVERSO PARALELO E, DEPOIS DE TANTO TEMPO ESQUECI A SENHA PARA ENTRAR NO CASTELO.
O CÓDIGO DE ENTRADA É TÃO COMPLICADO ASSIM???
NÃO... ACHO QUE É UM PRATO QUE A RAINHA GOSTAVA MUITO DE COMER NAS FESTIVIDADES DO DIA DE SCRIPTAH...
E QUAL ERA O PRATO QUE A RAINHA SCRIPTAH GOSTAVA DE COMER?
MARSHMALLOW DE PALMITO !!!

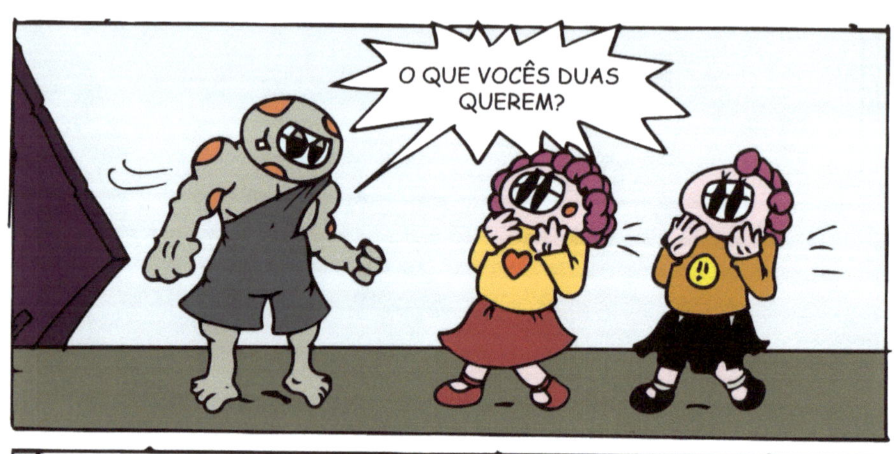

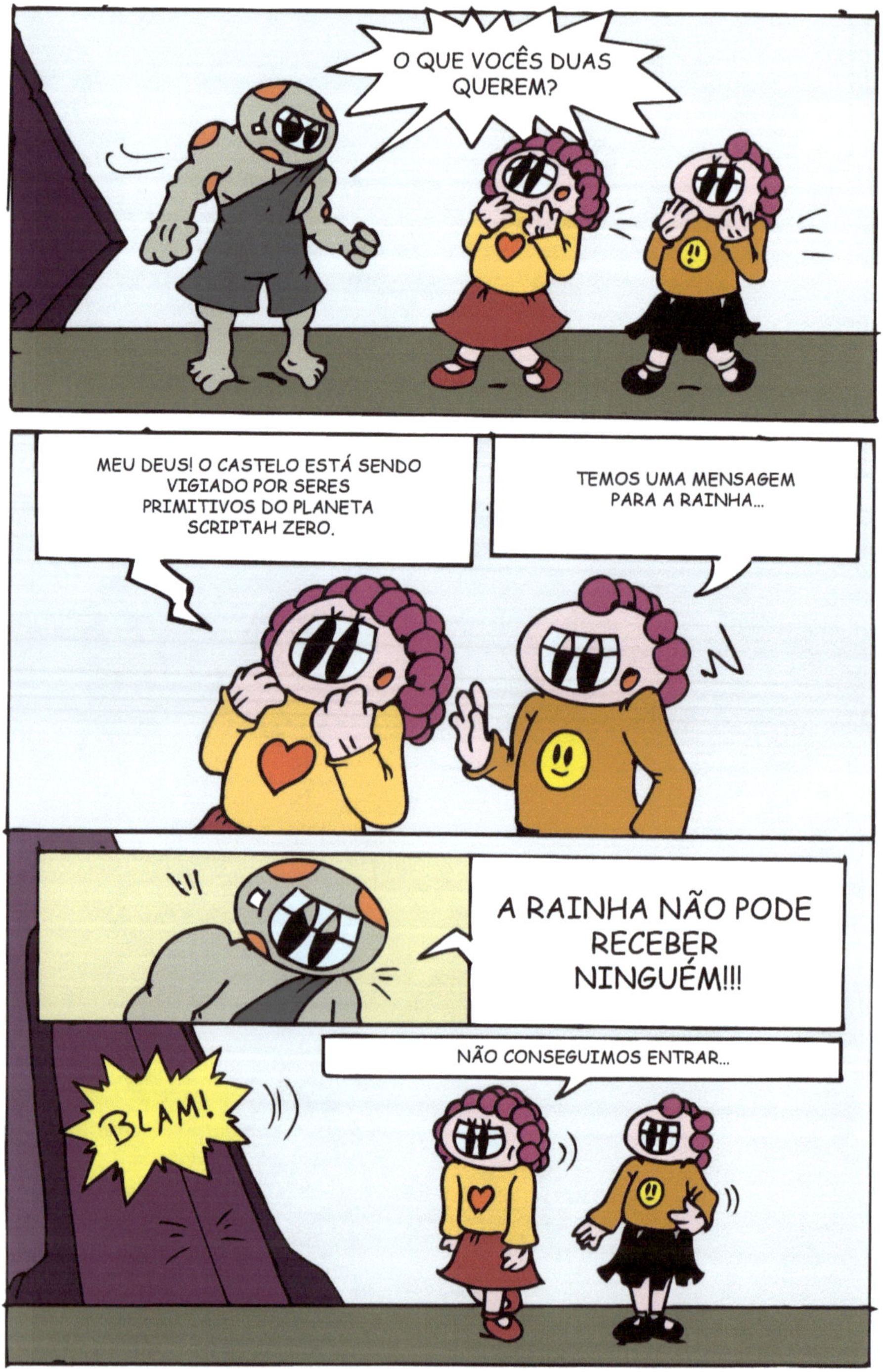

MEU DEUS! O CASTELO ESTÁ SENDO VIGIADO POR SERES PRIMITIVOS DO PLANETA SCRIPTAH ZERO.

TEMOS UMA MENSAGEM PARA A RAINHA...

A RAINHA NÃO PODE RECEBER NINGUÉM!!!

BLAM!

NÃO CONSEGUIMOS ENTRAR...

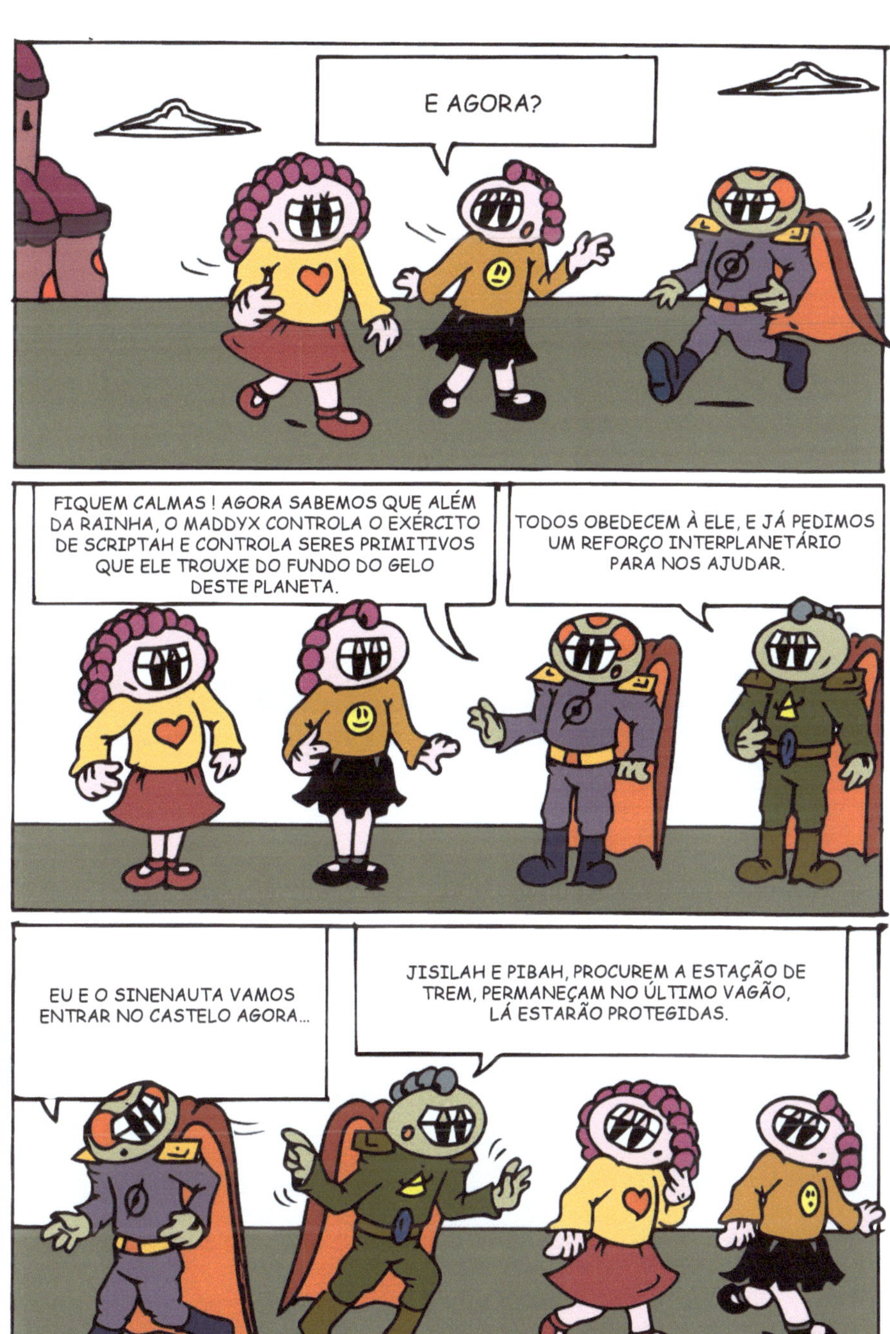
E AGORA?
FIQUEM CALMAS ! AGORA SABEMOS QUE ALÉM DA RAINHA, O MADDYX CONTROLA O EXÉRCITO DE SCRIPTAH E CONTROLA SERES PRIMITIVOS QUE ELE TROUXE DO FUNDO DO GELO DESTE PLANETA.
TODOS OBEDECEM À ELE, E JÁ PEDIMOS UM REFORÇO INTERPLANETÁRIO PARA NOS AJUDAR.
EU E O SINENAUTA VAMOS ENTRAR NO CASTELO AGORA...
JISILAH E PIBAH, PROCUREM A ESTAÇÃO DE TREM, PERMANEÇAM NO ÚLTIMO VAGÃO, LÁ ESTARÃO PROTEGIDAS.

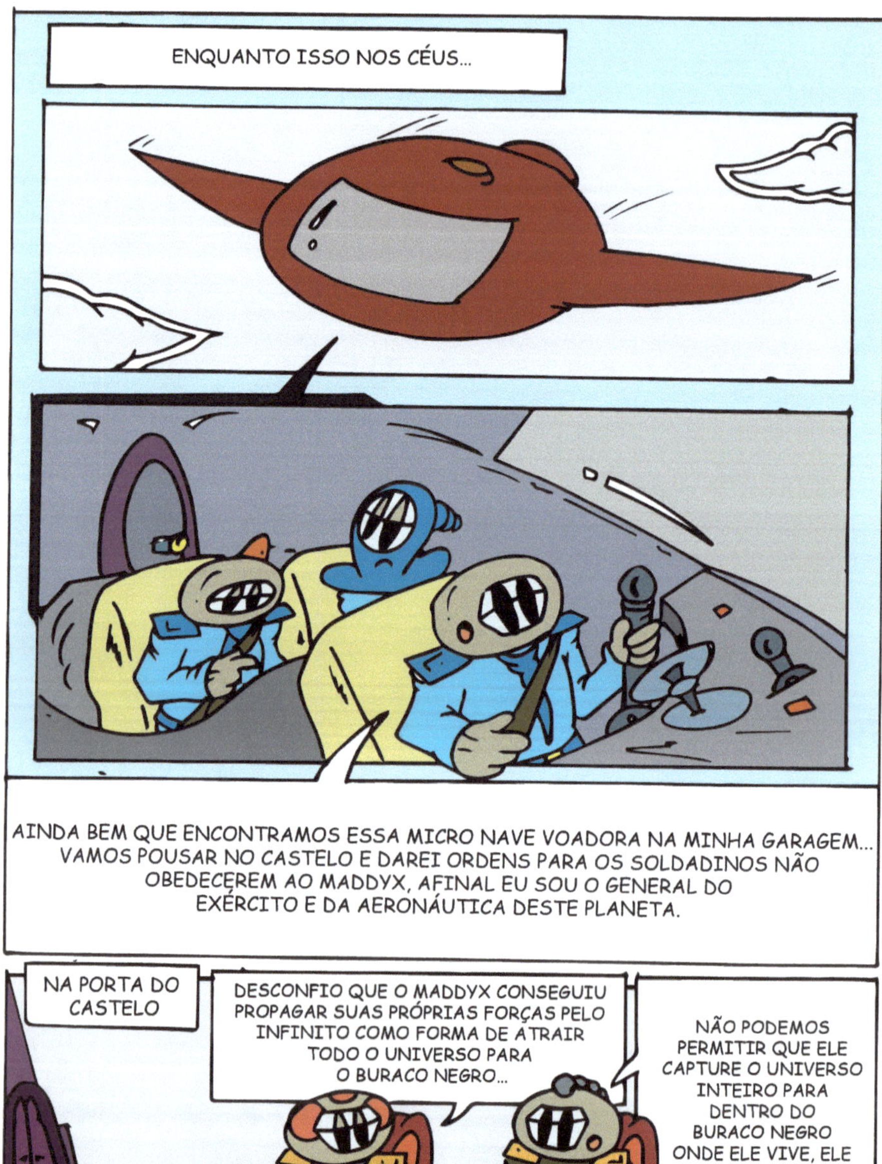
ENQUANTO ISSO NOS CÉUS...
AINDA BEM QUE ENCONTRAMOS ESSA MICRO NAVE VOADORA NA MINHA GARAGEM... VAMOS POUSAR NO CASTELO E DAREI ORDENS PARA OS SOLDADINOS NÃO OBEDECEREM AO MADDYX, AFINAL EU SOU O GENERAL DO EXÉRCITO E DA AERONÁUTICA DESTE PLANETA.
NA PORTA DO CASTELO
DESCONFIO QUE O MADDYX CONSEGUIU PROPAGAR SUAS PRÓPRIAS FORÇAS PELO INFINITO COMO FORMA DE ATRAIR TODO O UNIVERSO PARA O BURACO NEGRO...
NÃO PODEMOS PERMITIR QUE ELE CAPTURE O UNIVERSO INTEIRO PARA DENTRO DO BURACO NEGRO ONDE ELE VIVE, ELE APENAS QUER SER DONO DO UNIVERSO, MAS O UNIVERSO É UMA FORÇA A SER COMPARTILHADA POR MILHARES DE FORMAS DE VIDA E DE PENSAR A VIDA...

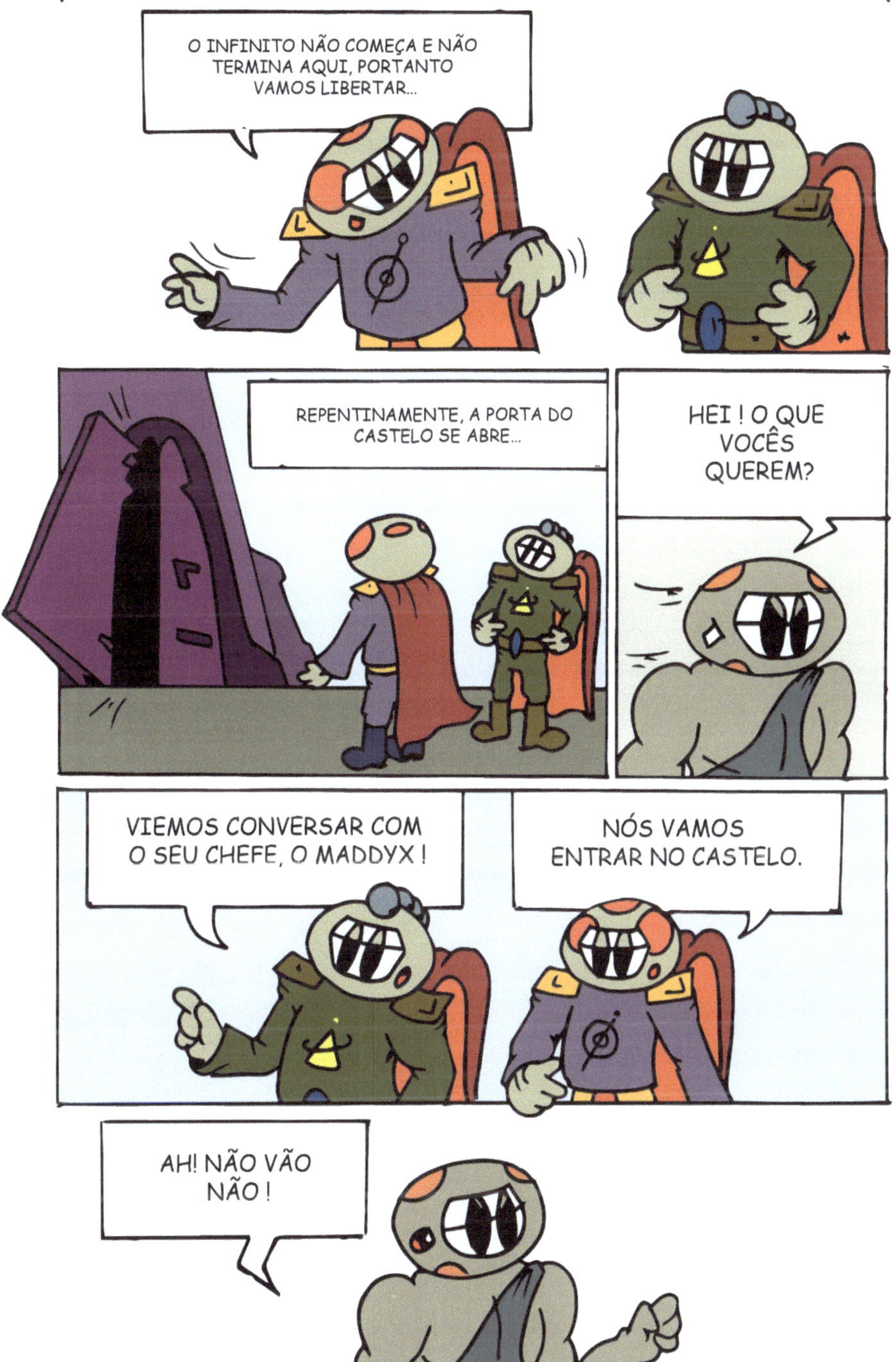
O INFINITO NÃO COMEÇA E NÃO TERMINA AQUI, PORTANTO VAMOS LIBERTAR...
REPENTINAMENTE, A PORTA DO CASTELO SE ABRE...
HEI ! O QUE VOCÊS QUEREM?
VIEMOS CONVERSAR COM O SEU CHEFE, O MADDYX !
NÓS VAMOS ENTRAR NO CASTELO.
AH! NÃO VÃO NÃO !

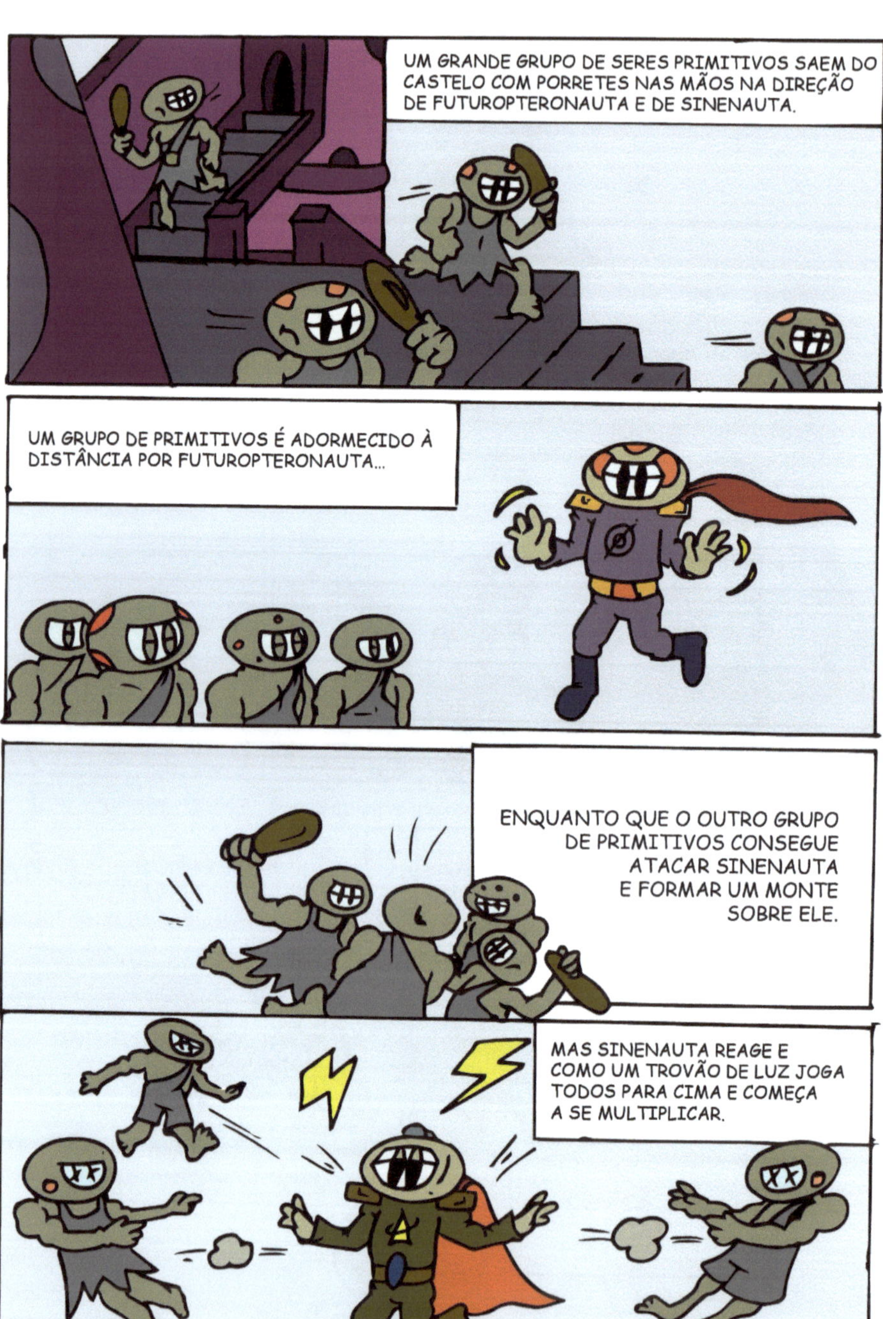
UM GRANDE GRUPO DE SERES PRIMITIVOS SAEM DO CASTELO COM PORRETES NAS MÃOS NA DIREÇÃO DE FUTUROPTERONAUTA E DE SINENAUTA.
UM GRUPO DE PRIMITIVOS É ADORMECIDO À DISTÂNCIA POR FUTUROPTERONAUTA...
ENQUANTO QUE O OUTRO GRUPO DE PRIMITIVOS CONSEGUE ATACAR SINENAUTA E FORMAR UM MONTE SOBRE ELE.
MAS SINENAUTA REAGE E COMO UM TROVÃO DE LUZ JOGA TODOS PARA CIMA E COMEÇA A SE MULTIPLICAR.

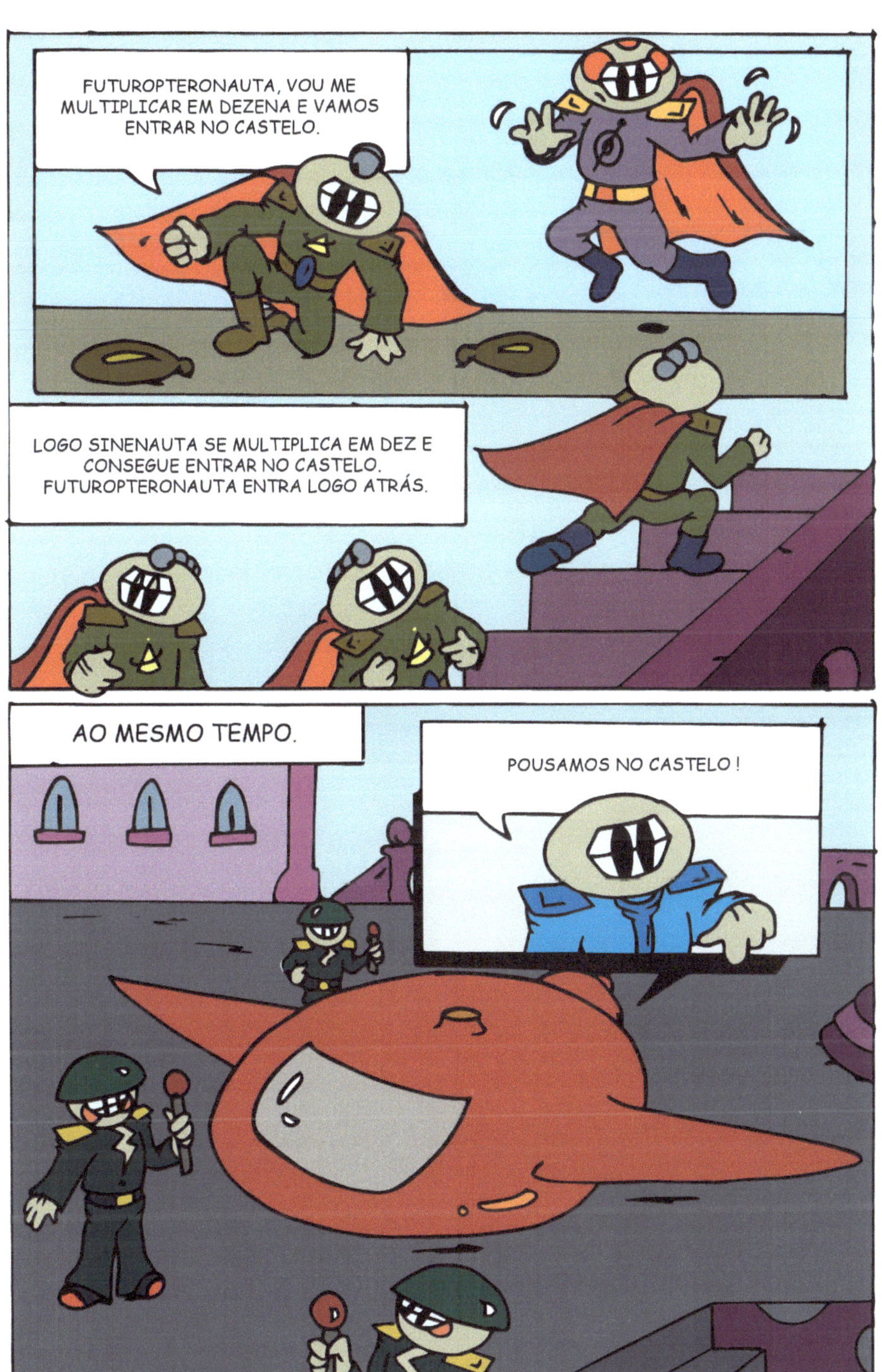
FUTUROPTERONAUTA, VOU ME MULTIPLICAR EM DEZENA E VAMOS ENTRAR NO CASTELO.
LOGO SINENAUTA SE MULTIPLICA EM DEZ E CONSEGUE ENTRAR NO CASTELO. FUTUROPTERONAUTA ENTRA LOGO ATRÁS.
AO MESMO TEMPO.
POUSAMOS NO CASTELO !

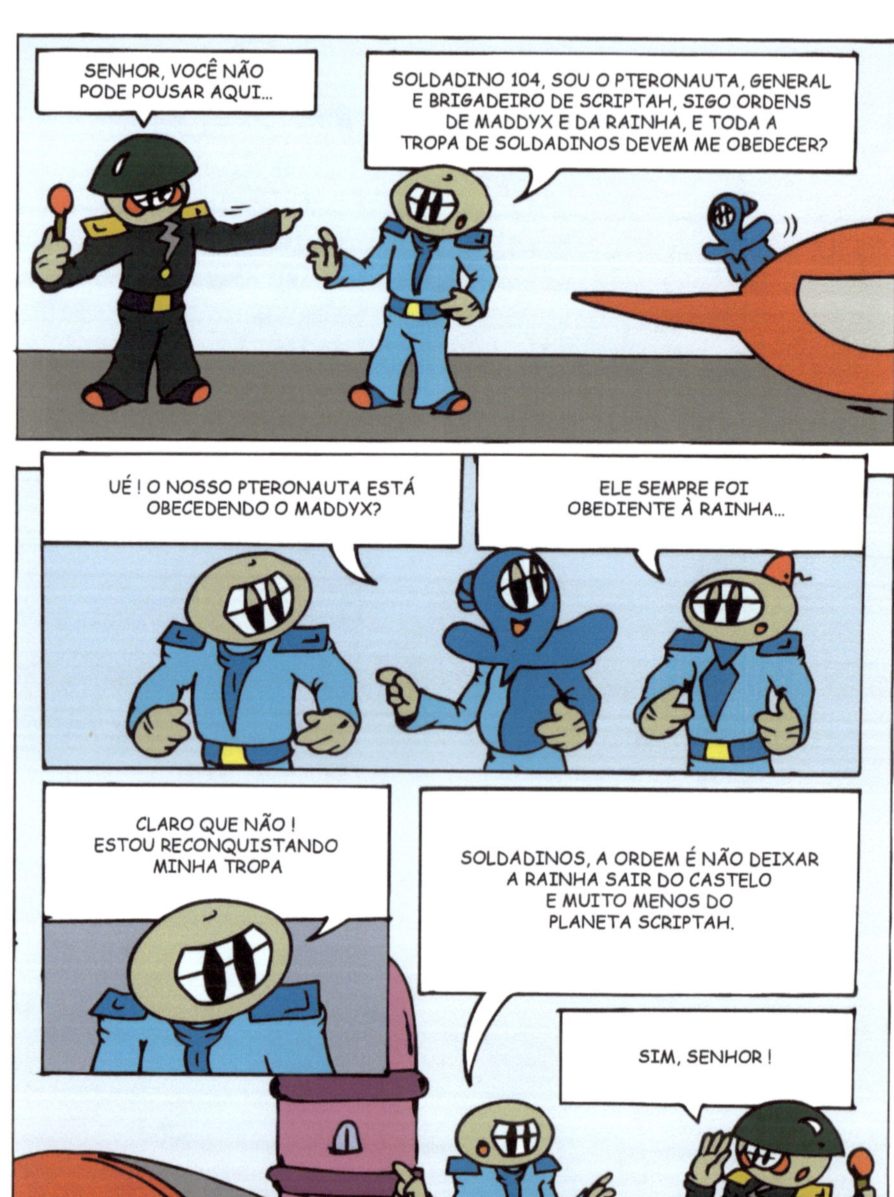
SENHOR, VOCÊ NÃO
PODE POUSAR AQUI...
SOLDADINO 104, SOU O PTERONAUTA, GENERAL E BRIGADEIRO DE SCRIPTAH, SIGO ORDENS DE MADDYX E DA RAINHA, E TODA A TROPA DE SOLDADINOS DEVEM ME OBEDECER?
UÉ ! O NOSSO PTERONAUTA ESTÁ OBECEDENDO O MADDYX?
ELE SEMPRE FOI OBEDIENTE À RAINHA...
CLARO QUE NÃO ! ESTOU RECONQUISTANDO MINHA TROPA
SOLDADINOS, A ORDEM É NÃO DEIXAR A RAINHA SAIR DO CASTELO E MUITO MENOS DO PLANETA SCRIPTAH.
SIM, SENHOR !

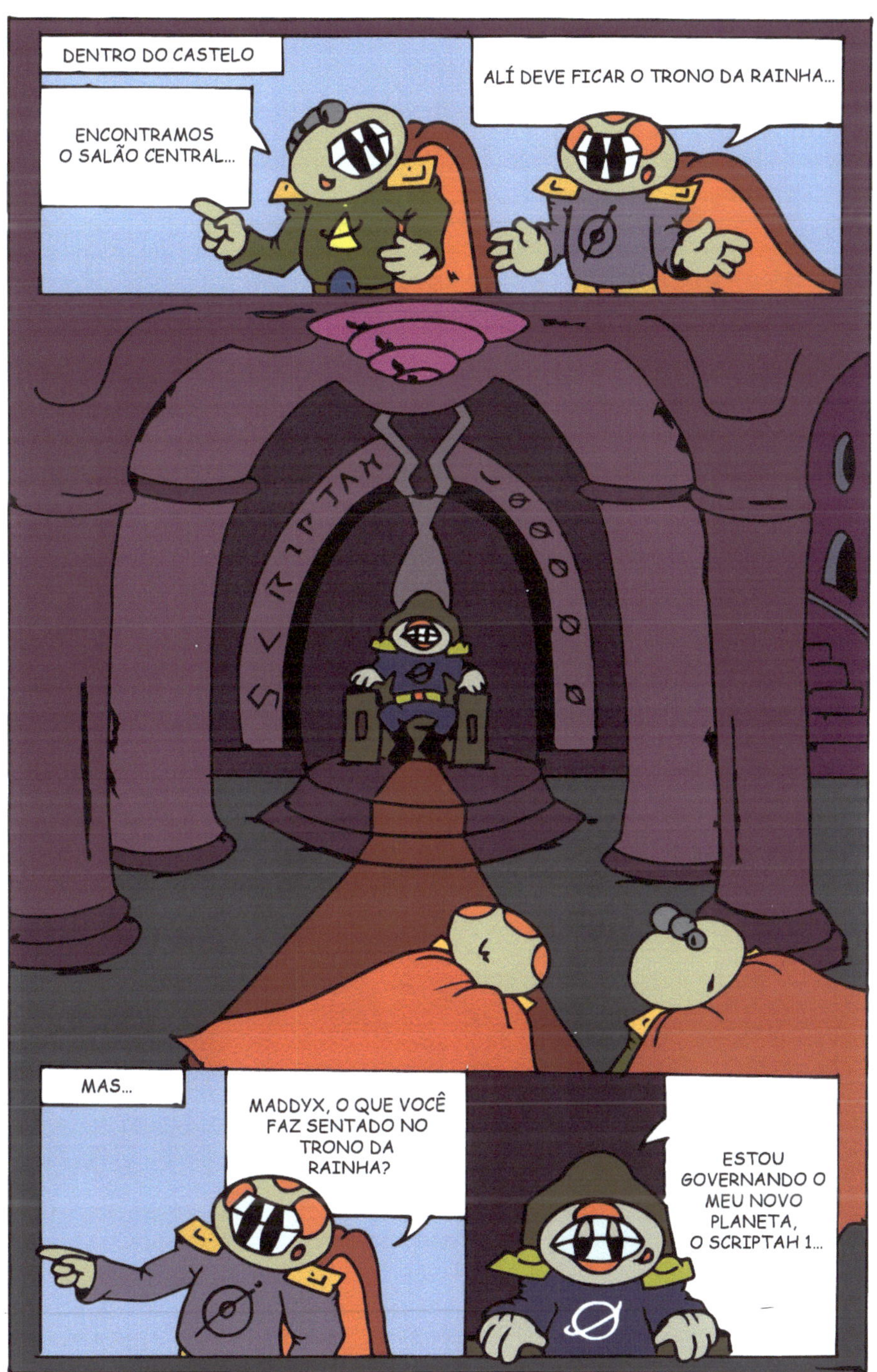
DENTRO DO CASTELO
ENCONTRAMOS O SALÃO CENTRAL...
ALÍ DEVE FICAR O TRONO DA RAINHA...
SCRIPTAH
MAS...
MADDYX, O QUE VOCÊ FAZ SENTADO NO TRONO DA RAINHA?
ESTOU GOVERNANDO O MEU NOVO PLANETA, O SCRIPTAH 1...

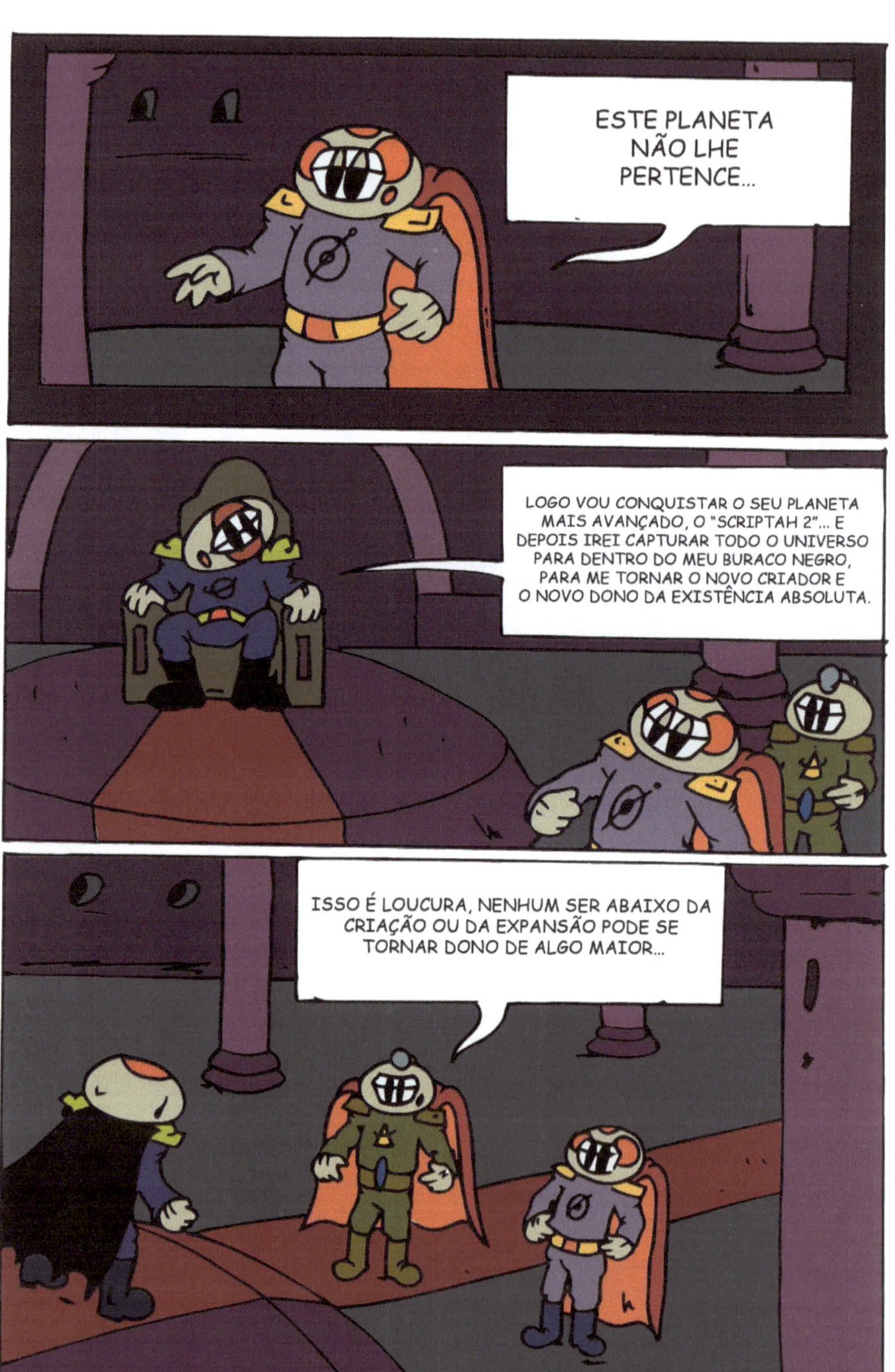
ESTE PLANETA NÃO LHE PERTENCE...
LOGO VOU CONQUISTAR O SEU PLANETA MAIS AVANÇADO, O "SCRIPTAH 2"... E DEPOIS IREI CAPTURAR TODO O UNIVERSO PARA DENTRO DO MEU BURACO NEGRO, PARA ME TORNAR O NOVO CRIADOR E O NOVO DONO DA EXISTÊNCIA ABSOLUTA.
ISSO É LOUCURA, NENHUM SER ABAIXO DA CRIAÇÃO OU DA EXPANSÃO PODE SE TORNAR DONO DE ALGO MAIOR...

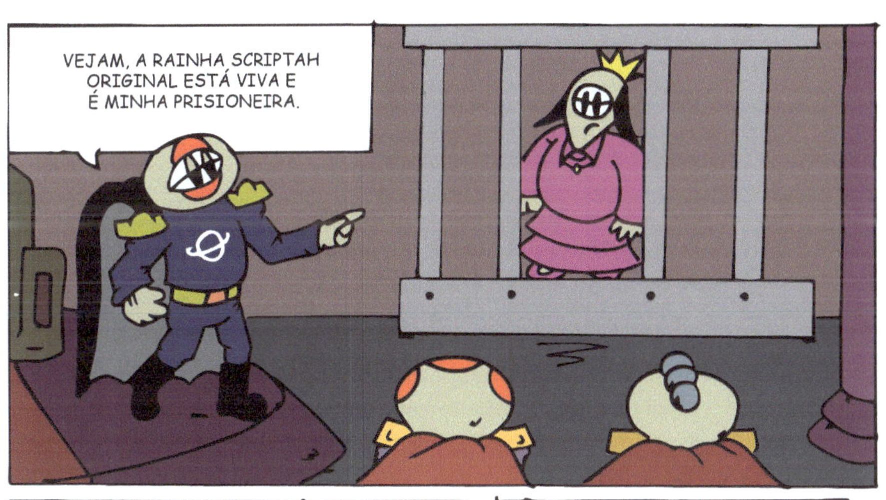
VEJAM, A RAINHA SCRIPTAH ORIGINAL ESTÁ VIVA E É MINHA PRISIONEIRA.

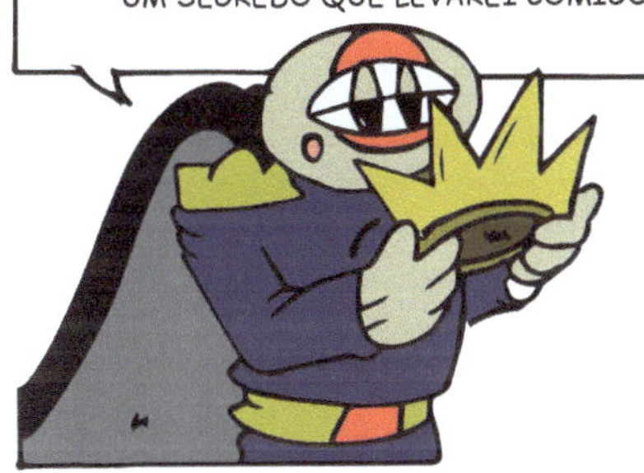
MAS LEVAREI A SUA COROA COMIGO, POIS A COROA POSSUI TODOS OS ESCRITOS DA ORIGEM DESTE PLANETA E DE GRANDE PARTE DESTA REGIÃO DO UNIVERSO... UM SEGREDO QUE LEVAREI COMIGO...

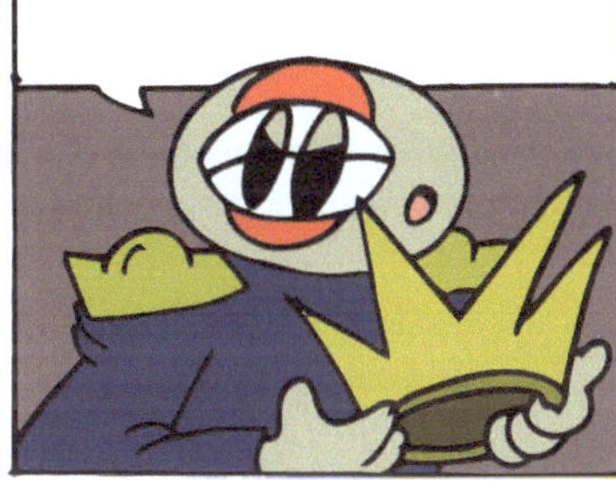
SOLDADINOS, PRENDAM ESSES DOIS.

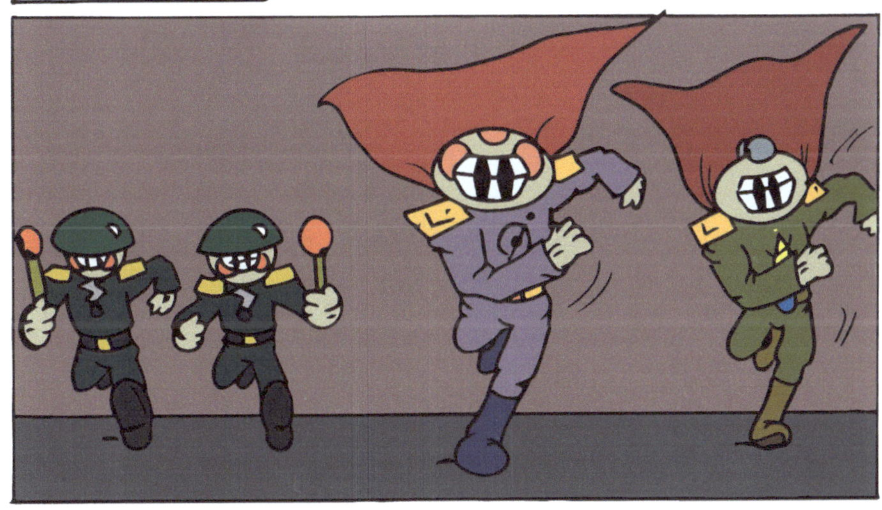

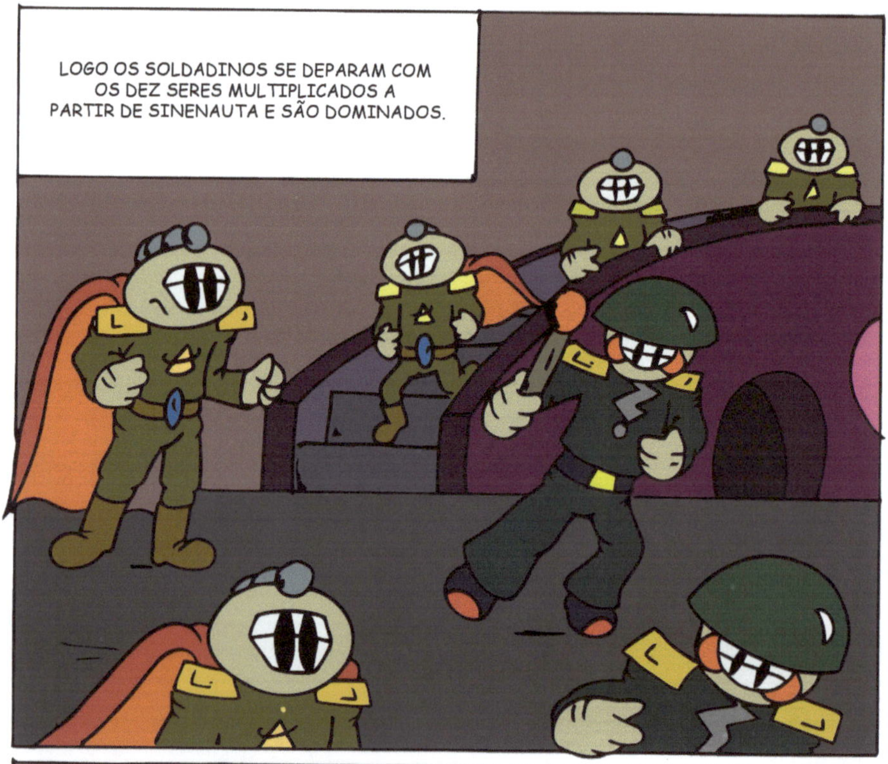

LOGO OS SOLDADINOS SE DEPARAM COM
OS DEZ SERES MULTIPLICADOS A
PARTIR DE SINENAUTA E SÃO DOMINADOS.

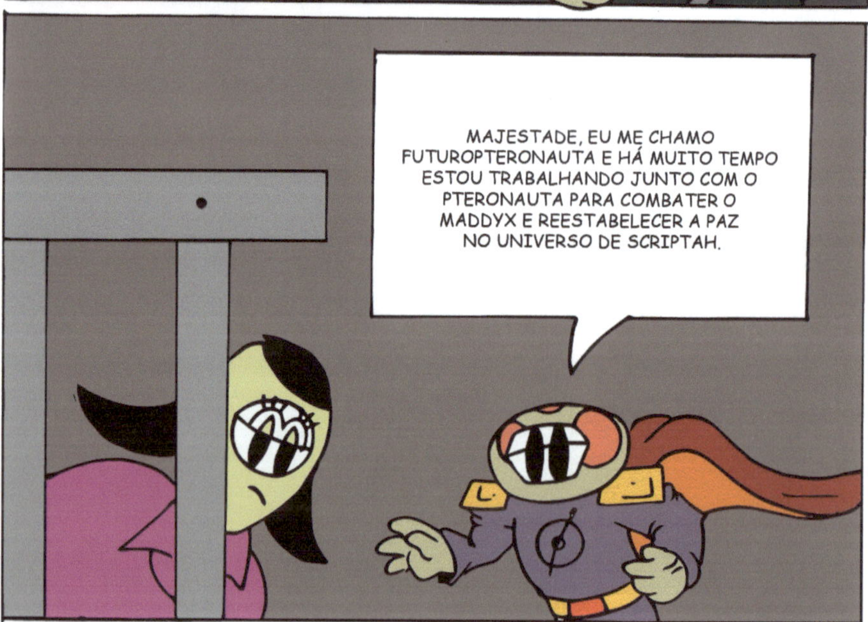

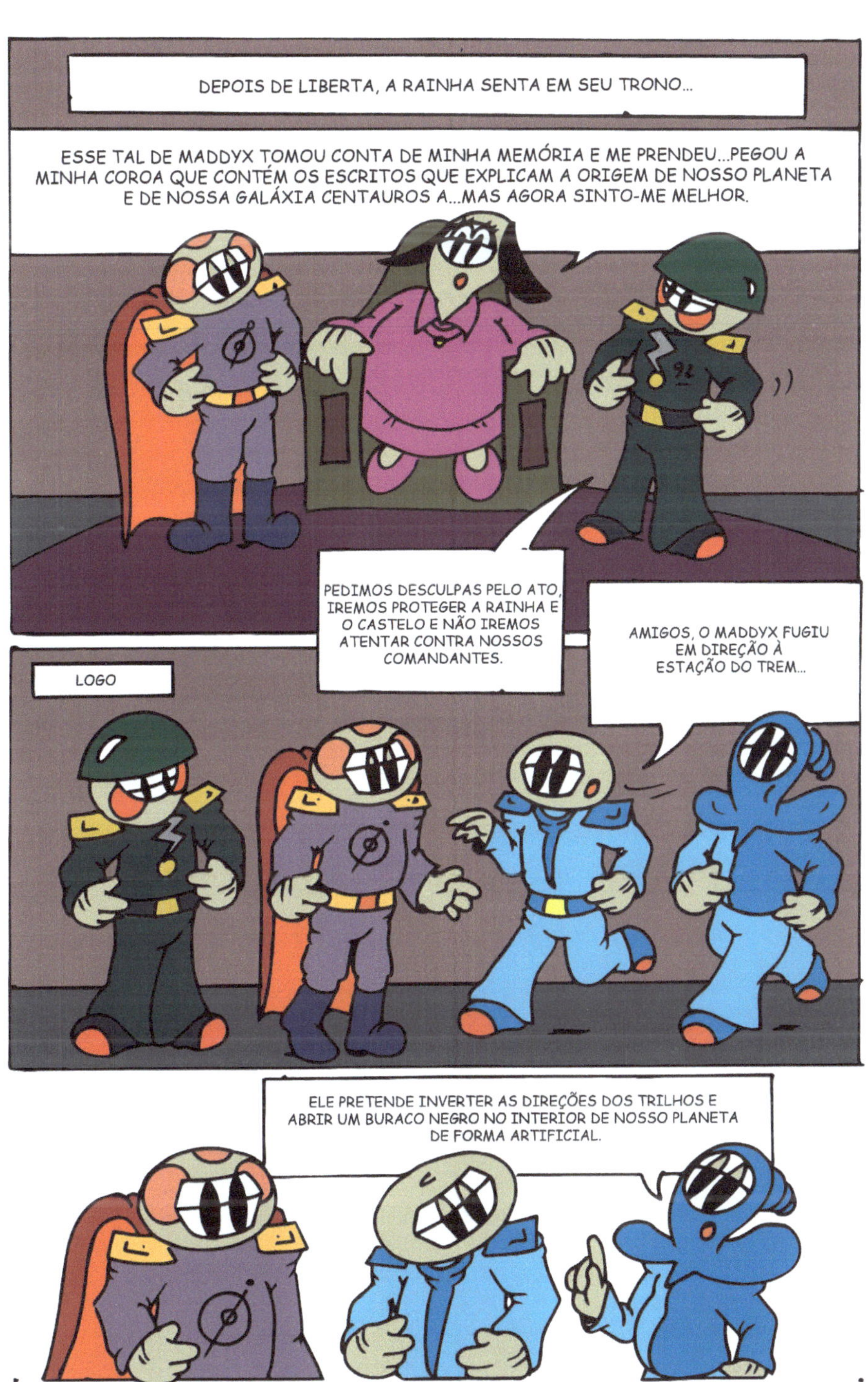
DEPOIS DE LIBERTA, A RAINHA SENTA EM SEU TRONO...
ESSE TAL DE MADDYX TOMOU CONTA DE MINHA MEMÓRIA E ME PRENDEU...PEGOU A MINHA COROA QUE CONTÉM OS ESCRITOS QUE EXPLICAM A ORIGEM DE NOSSO PLANETA E DE NOSSA GALÁXIA CENTAUROS A...MAS AGORA SINTO-ME MELHOR.
PEDIMOS DESCULPAS PELO ATO, IREMOS PROTEGER A RAINHA E O CASTELO E NÃO IREMOS ATENTAR CONTRA NOSSOS COMANDANTES.
LOGO
AMIGOS, O MADDYX FUGIU EM DIREÇÃO À ESTAÇÃO DO TREM...
ELE PRETENDE INVERTER AS DIREÇÕES DOS TRILHOS E ABRIR UM BURACO NEGRO NO INTERIOR DE NOSSO PLANETA DE FORMA ARTIFICIAL.

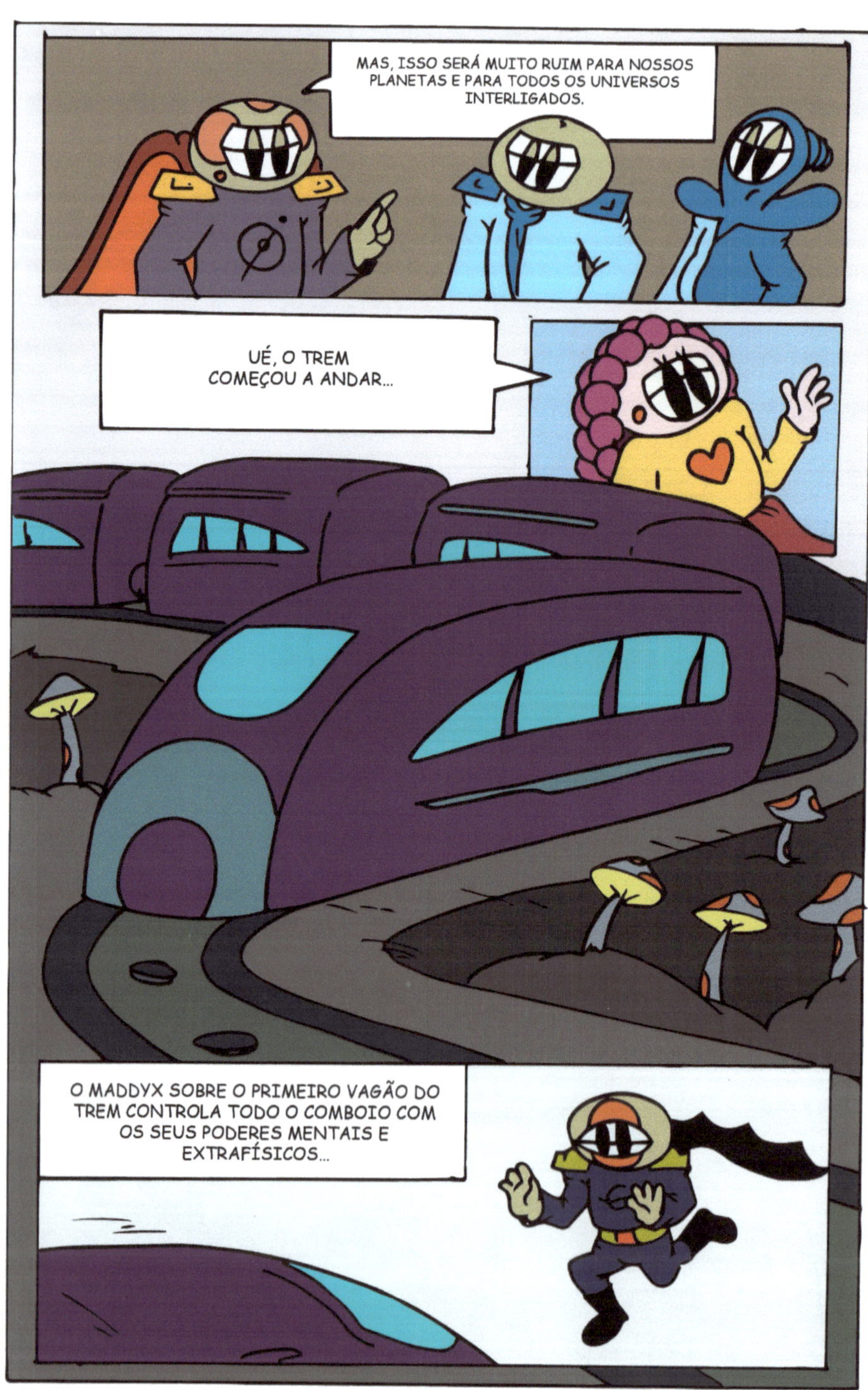
MAS, ISSO SERÁ MUITO RUIM PARA NOSSOS PLANETAS E PARA TODOS OS UNIVERSOS INTERLIGADOS.
UÉ, O TREM COMEÇOU A ANDAR...
O MADDYX SOBRE O PRIMEIRO VAGÃO DO TREM CONTROLA TODO O COMBOIO COM OS SEUS PODERES MENTAIS E EXTRAFÍSICOS...

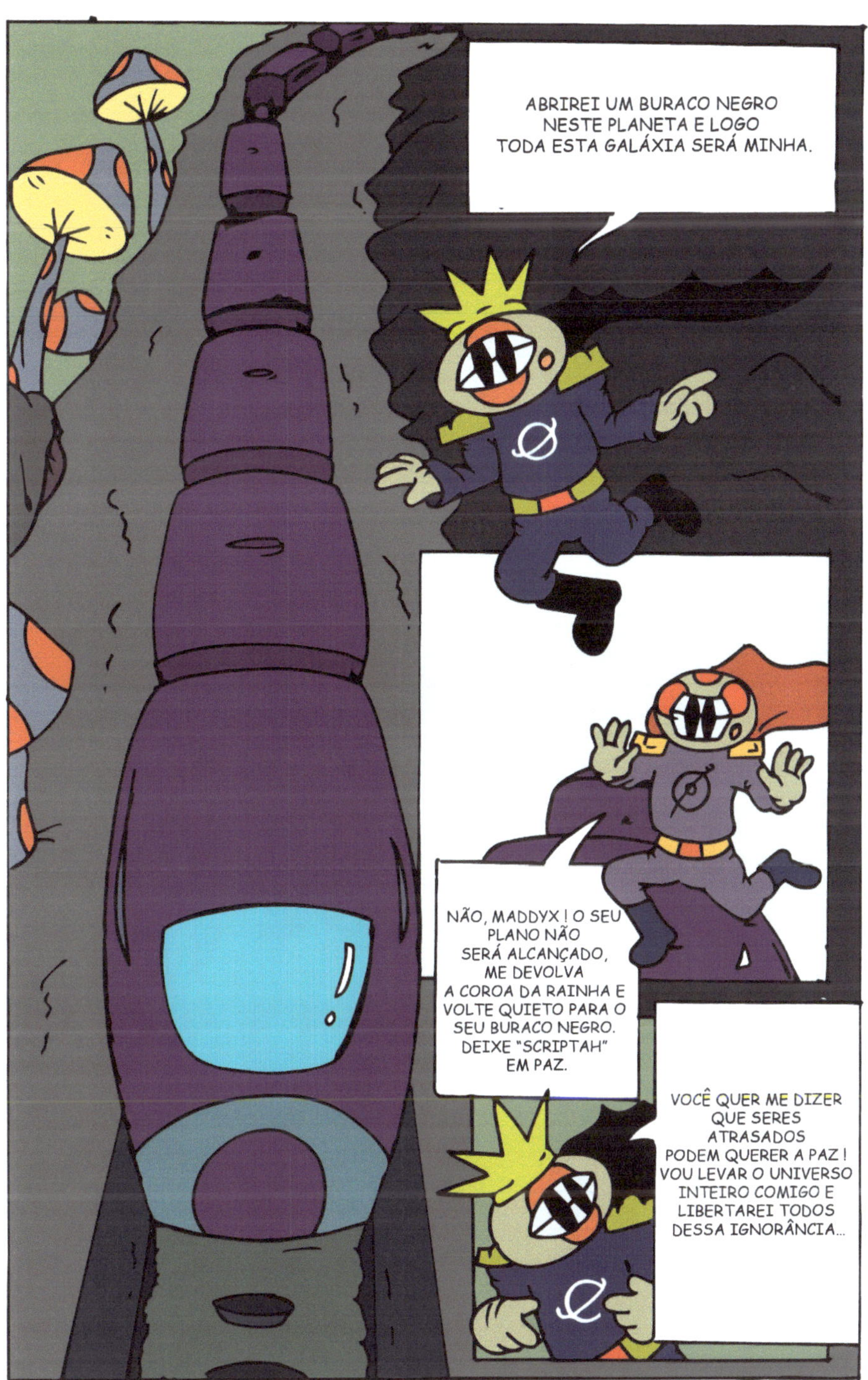
ABRIREI UM BURACO NEGRO
NESTE PLANETA E LOGO
TODA ESTA GALÁXIA SERÁ MINHA.
NÃO, MADDYX ! O SEU
PLANO NÃO
SERÁ ALCANÇADO,
ME DEVOLVA
A COROA DA RAINHA E
VOLTE QUIETO PARA O
SEU BURACO NEGRO.
DEIXE "SCRIPTAH"
EM PAZ.
VOCÊ QUER ME DIZER
QUE SERES
ATRASADOS
PODEM QUERER A PAZ !
VOU LEVAR O UNIVERSO
INTEIRO COMIGO E
LIBERTAREI TODOS
DESSA IGNORÂNCIA...

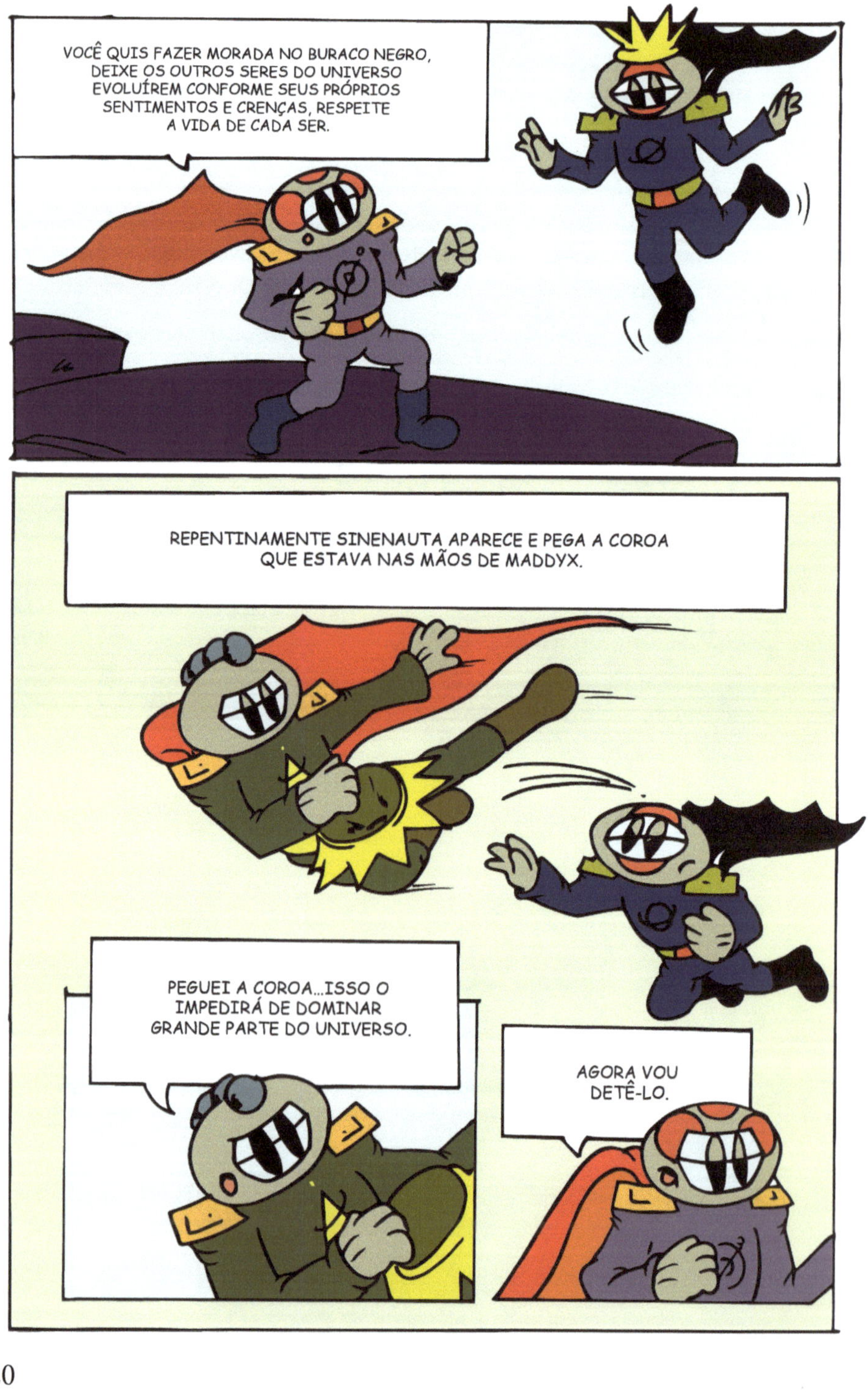

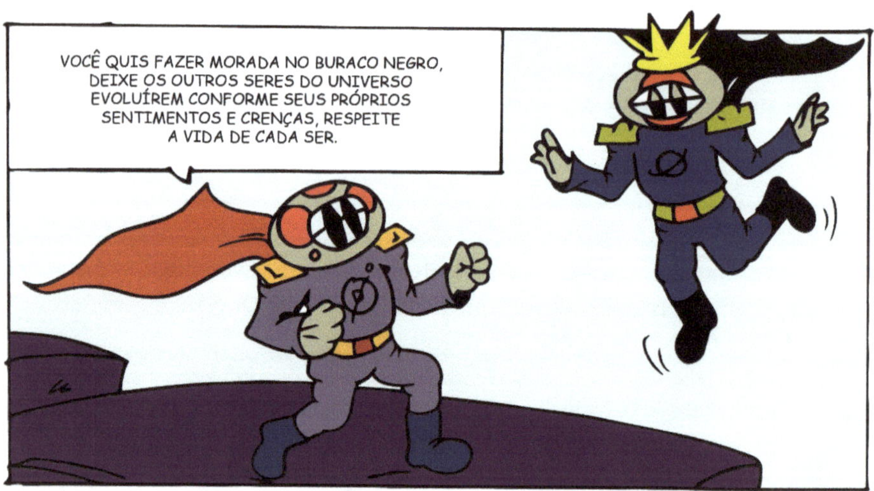

REPENTINAMENTE SINENAUTA APARECE E PEGA A COROA QUE ESTAVA NAS MÃOS DE MADDYX.

PEGUEI A COROA...ISSO O IMPEDIRÁ DE DOMINAR GRANDE PARTE DO UNIVERSO.

AGORA VOU DETÊ-LO.

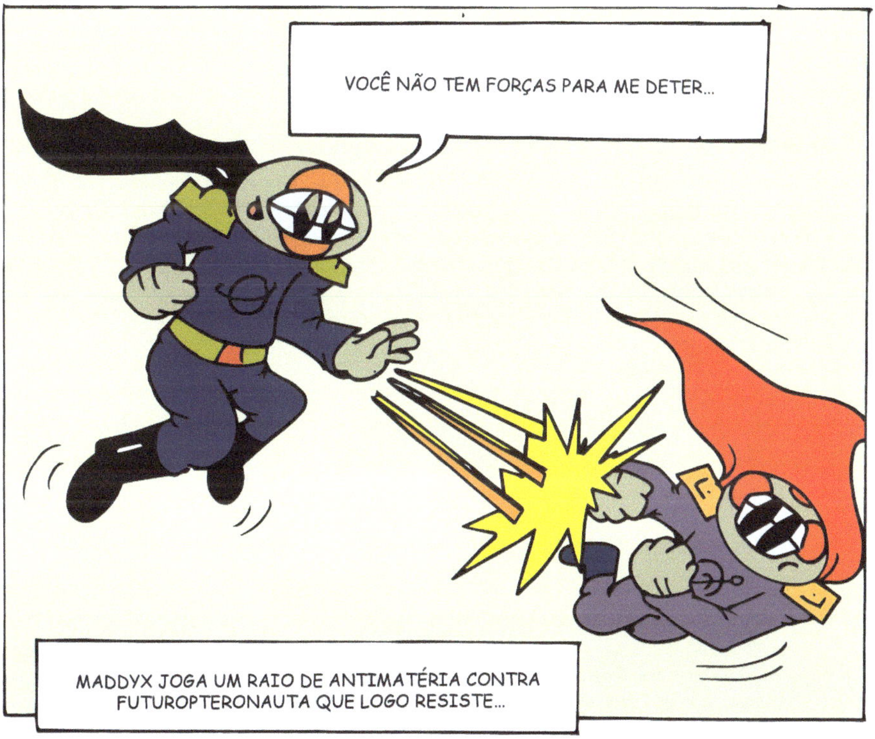

VOCÊ NÃO TEM FORÇAS PARA ME DETER...

MADDYX JOGA UM RAIO DE ANTIMATÉRIA CONTRA FUTUROPTERONAUTA QUE LOGO RESISTE...

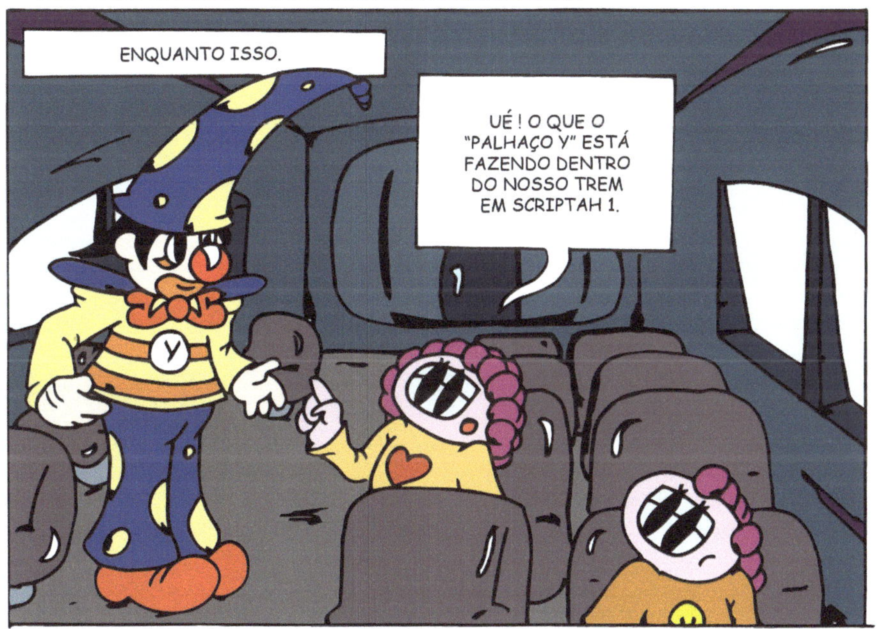

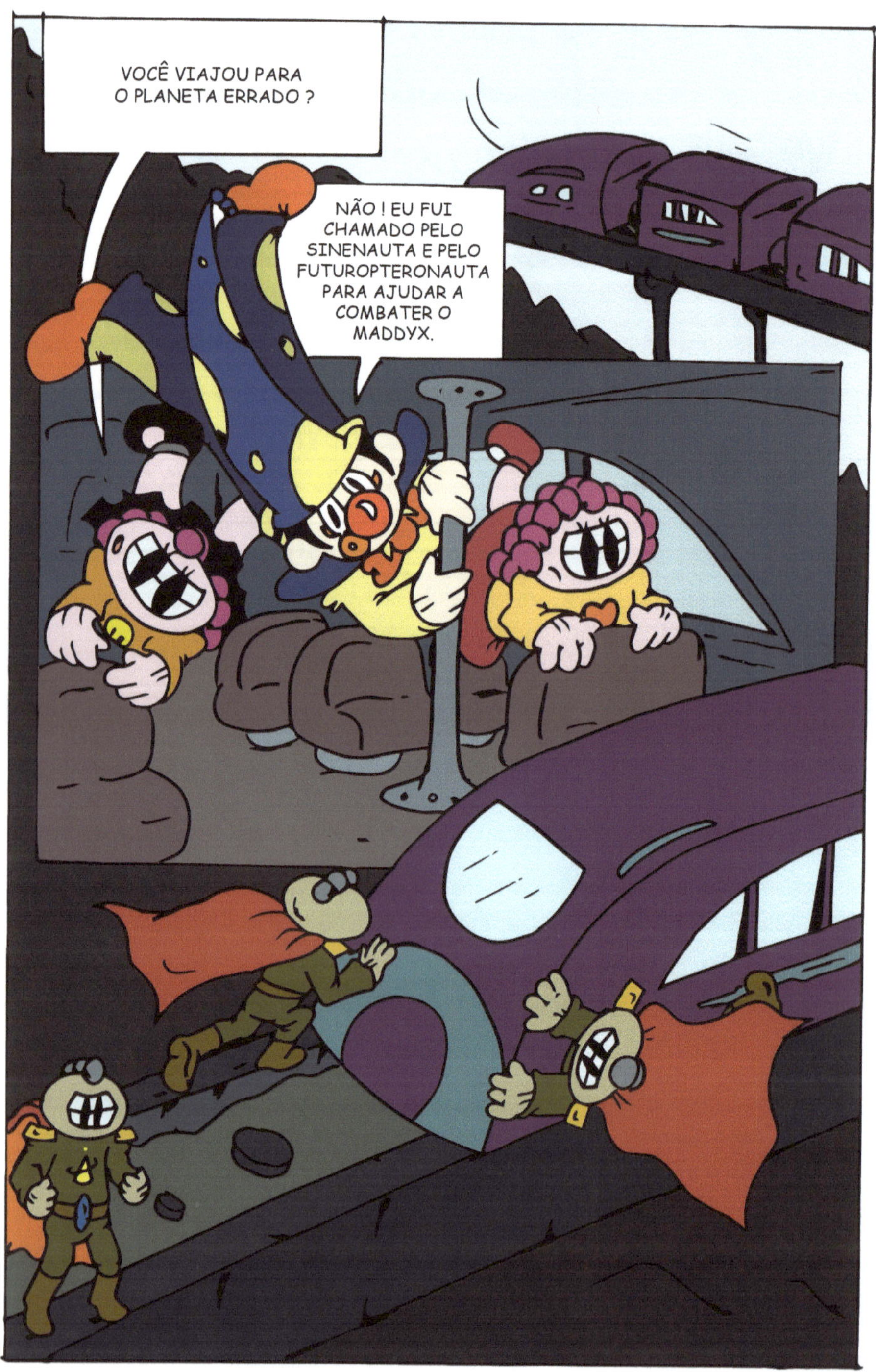
VOCÊ VIAJOU PARA
O PLANETA ERRADO ?
NÃO ! EU FUI
CHAMADO PELO
SINENAUTA E PELO
FUTUROPTERONAUTA
PARA AJUDAR A
COMBATER O
MADDYX.

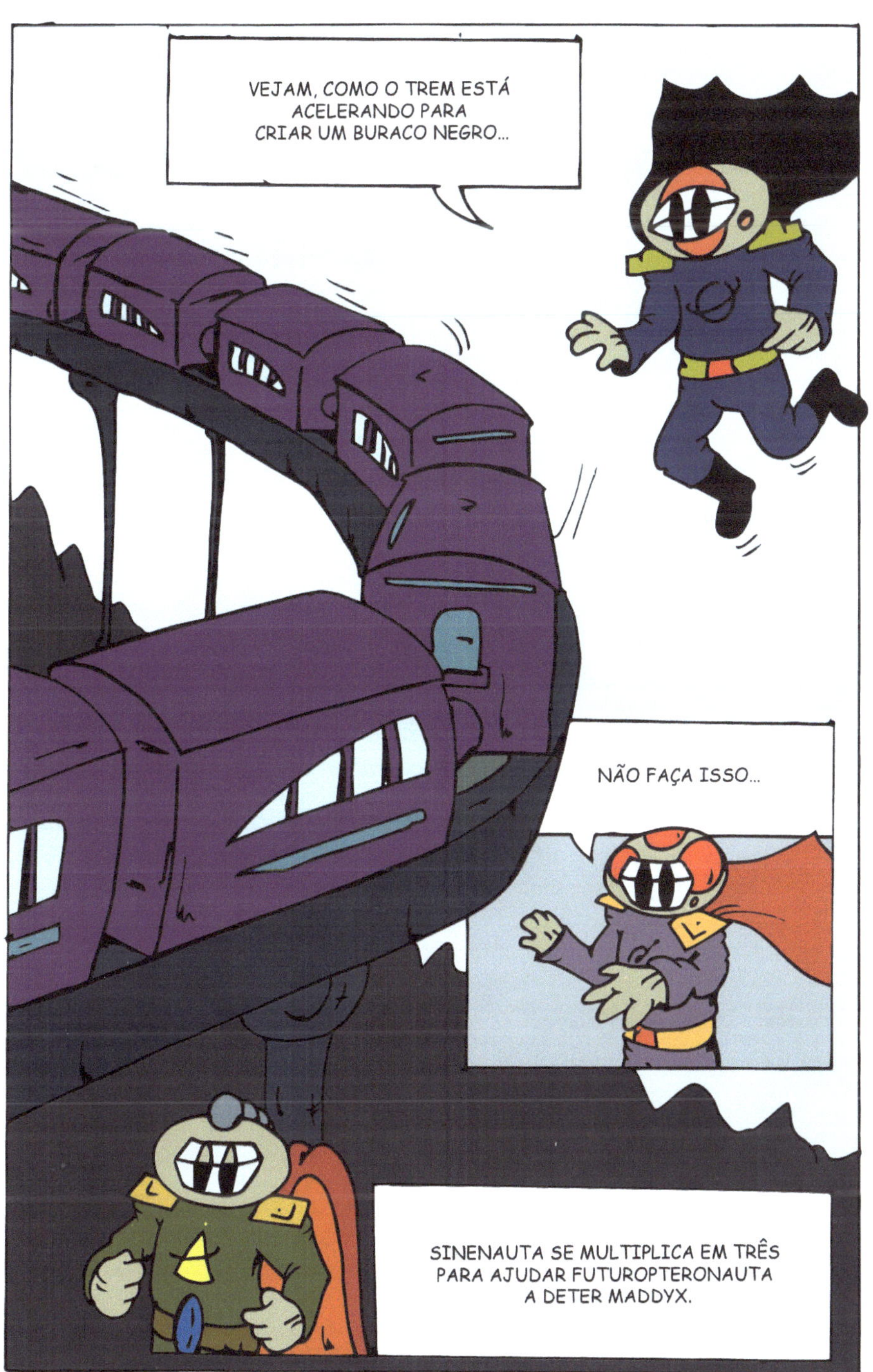
VEJAM, COMO O TREM ESTÁ
ACELERANDO PARA
CRIAR UM BURACO NEGRO...
NÃO FAÇA ISSO...
SINENAUTA SE MULTIPLICA EM TRÊS
PARA AJUDAR FUTUROPTERONAUTA
A DETER MADDYX.

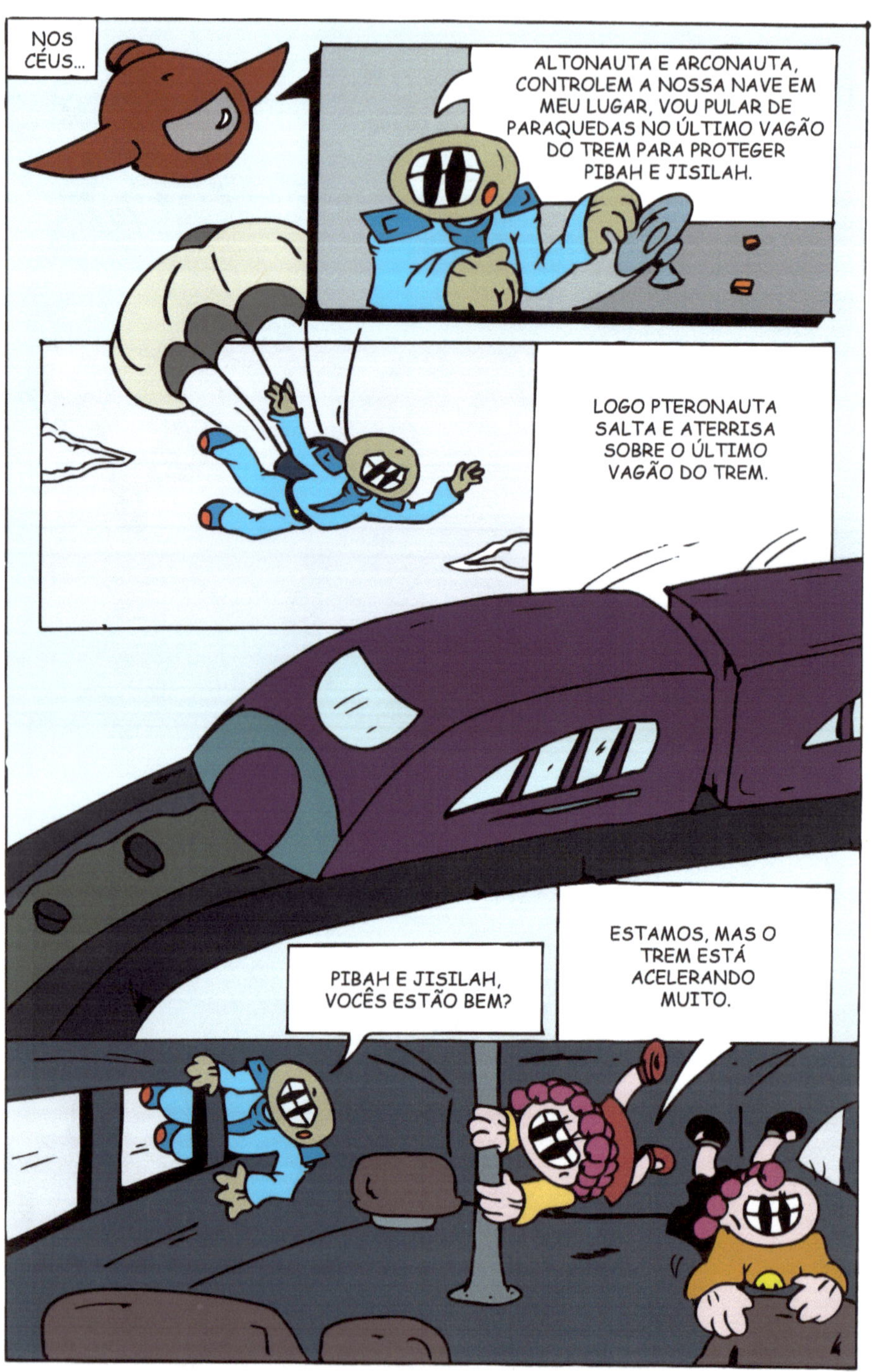
NOS CÉUS...
ALTONAUTA E ARCONAUTA, CONTROLEM A NOSSA NAVE EM MEU LUGAR, VOU PULAR DE PARAQUEDAS NO ÚLTIMO VAGÃO DO TREM PARA PROTEGER PIBAH E JISILAH.
LOGO PTERONAUTA SALTA E ATERRISA SOBRE O ÚLTIMO VAGÃO DO TREM.
PIBAH E JISILAH, VOCÊS ESTÃO BEM?
ESTAMOS, MAS O TREM ESTÁ ACELERANDO MUITO.

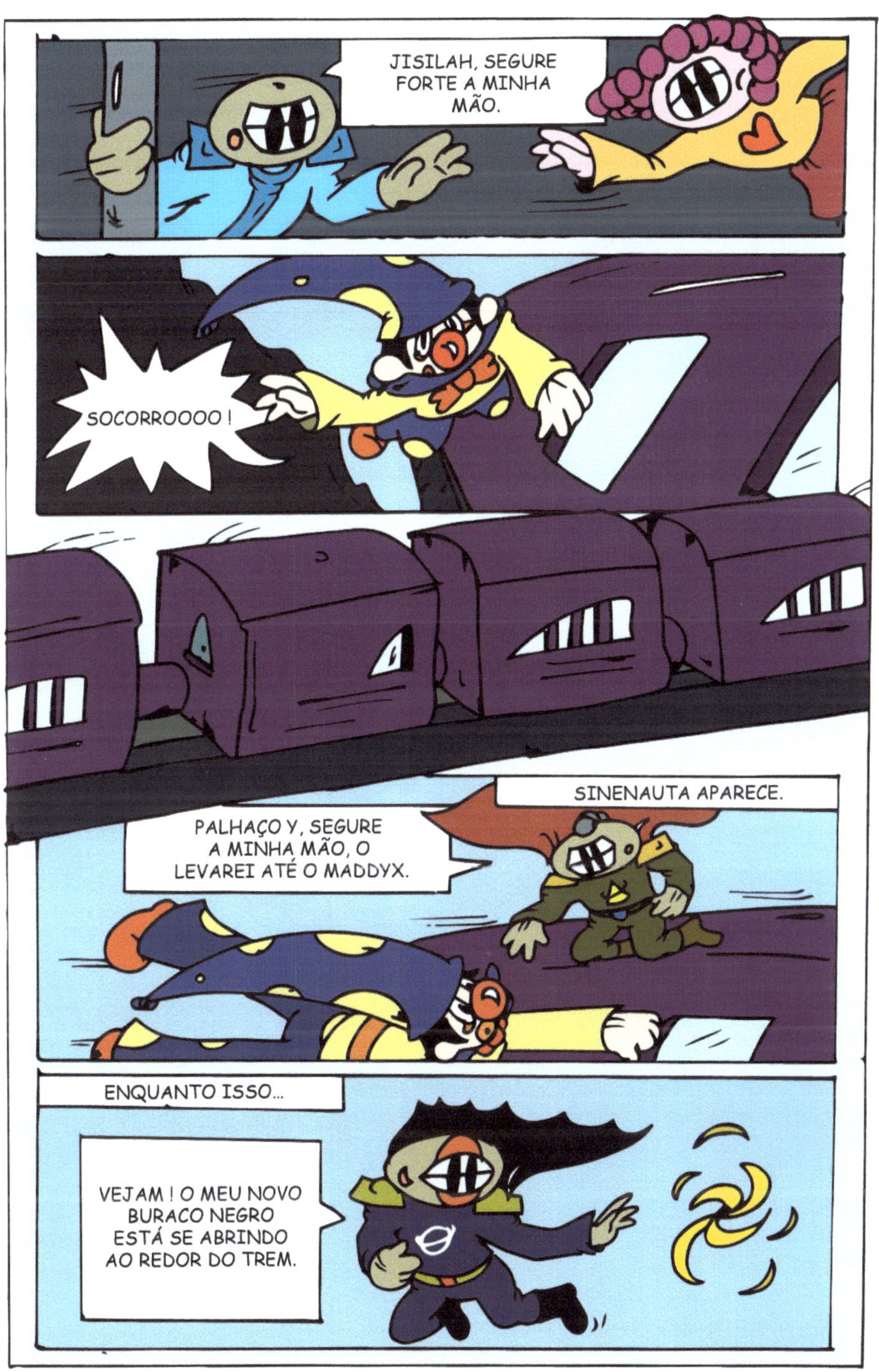
JISILAH, SEGURE FORTE A MINHA MÃO.
SOCORROOOO !
SINENAUTA APARECE.
PALHAÇO Y, SEGURE A MINHA MÃO, O LEVAREI ATÉ O MADDYX.
ENQUANTO ISSO...
VEJAM ! O MEU NOVO BURACO NEGRO ESTÁ SE ABRINDO AO REDOR DO TREM.

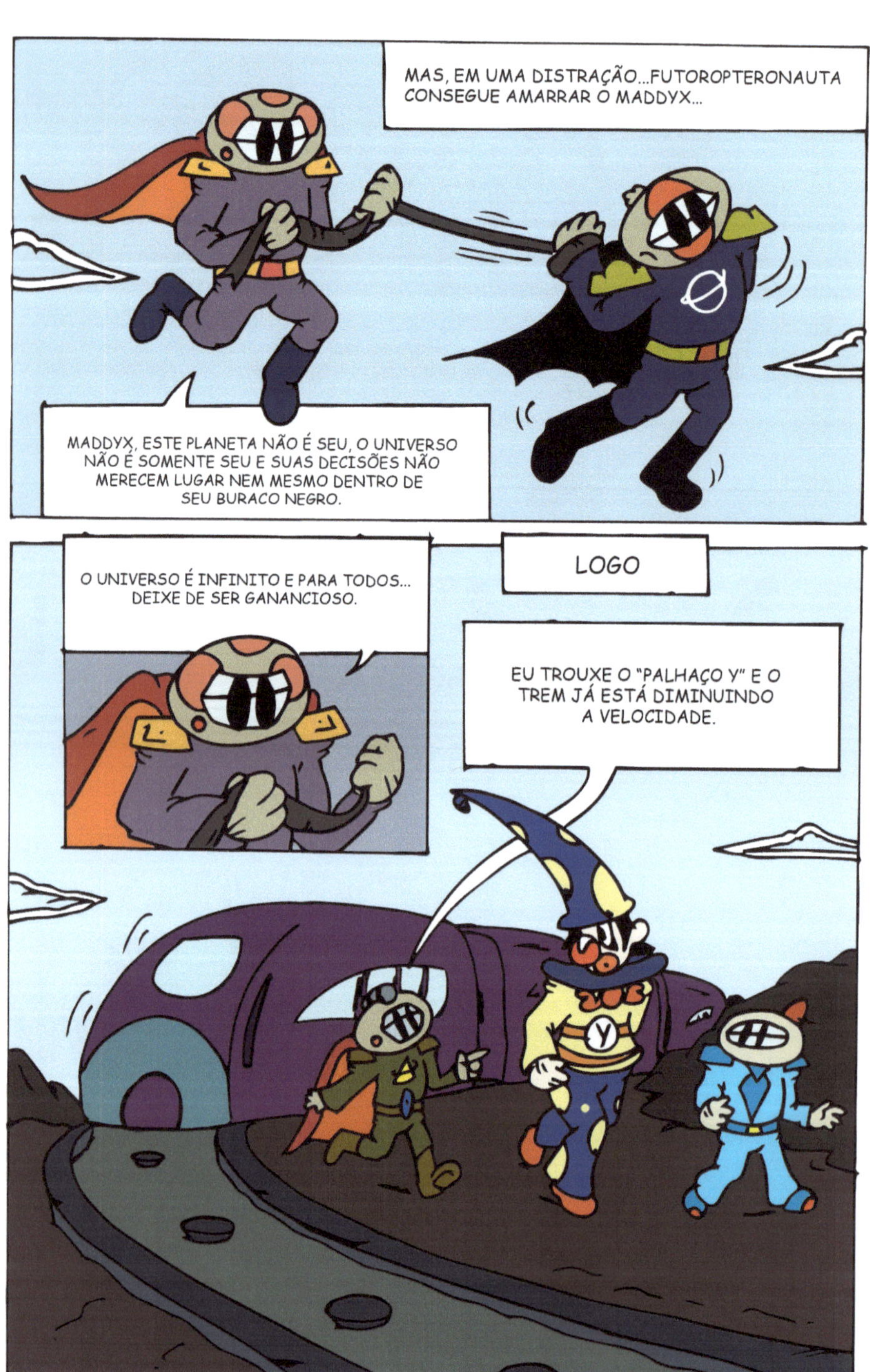
MAS, EM UMA DISTRAÇÃO...FUTOROPTERONAUTA CONSEGUE AMARRAR O MADDYX...
MADDYX, ESTE PLANETA NÃO É SEU, O UNIVERSO NÃO É SOMENTE SEU E SUAS DECISÕES NÃO MERECEM LUGAR NEM MESMO DENTRO DE SEU BURACO NEGRO.
O UNIVERSO É INFINITO E PARA TODOS... DEIXE DE SER GANANCIOSO.
LOGO
EU TROUXE O "PALHAÇO Y" E O TREM JÁ ESTÁ DIMINUINDO A VELOCIDADE.

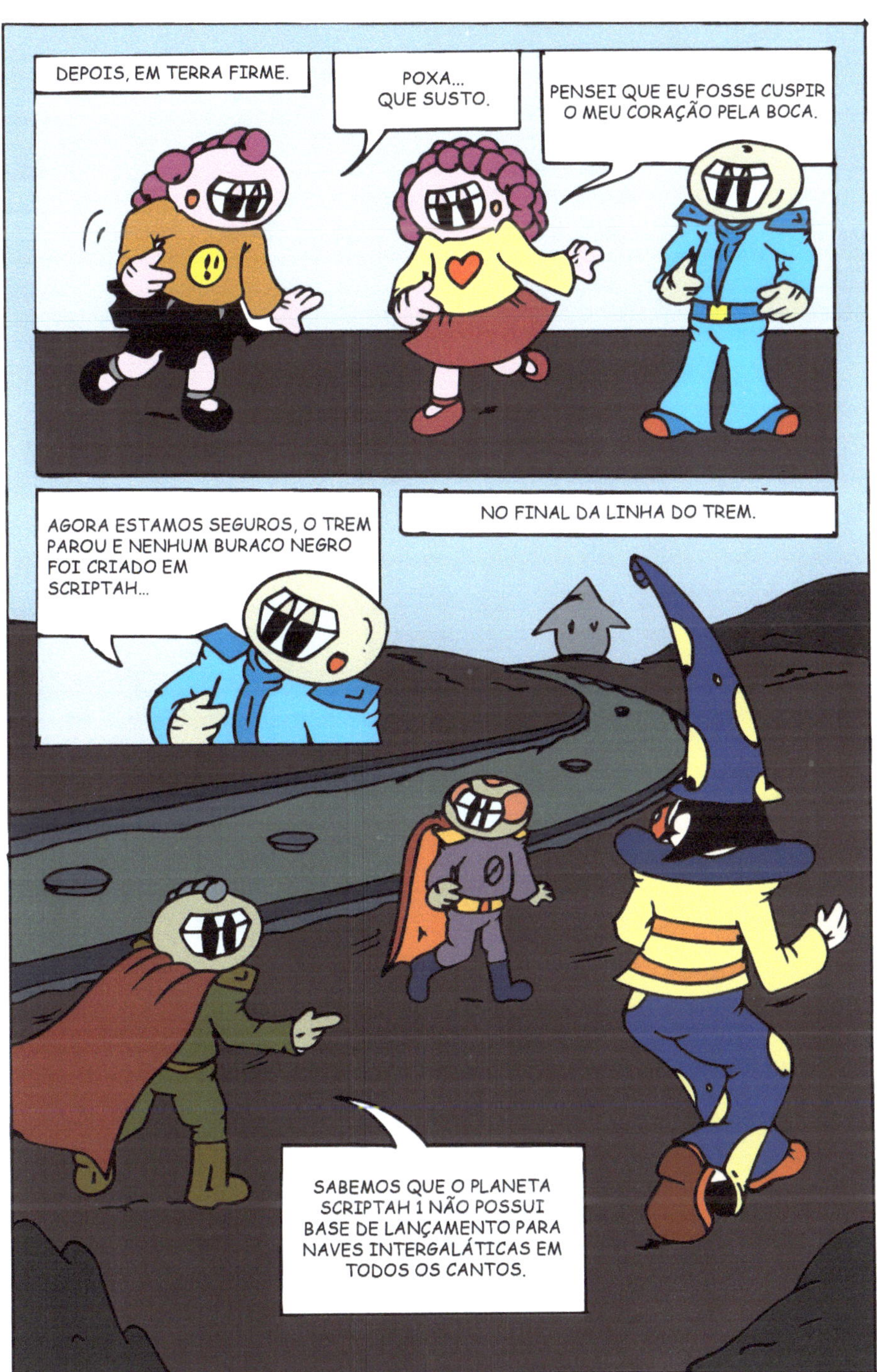
DEPOIS, EM TERRA FIRME.
POXA... QUE SUSTO.
PENSEI QUE EU FOSSE CUSPIR O MEU CORAÇÃO PELA BOCA.
AGORA ESTAMOS SEGUROS, O TREM PAROU E NENHUM BURACO NEGRO FOI CRIADO EM SCRIPTAH...
NO FINAL DA LINHA DO TREM.
SABEMOS QUE O PLANETA SCRIPTAH 1 NÃO POSSUI BASE DE LANÇAMENTO PARA NAVES INTERGALÁTICAS EM TODOS OS CANTOS.

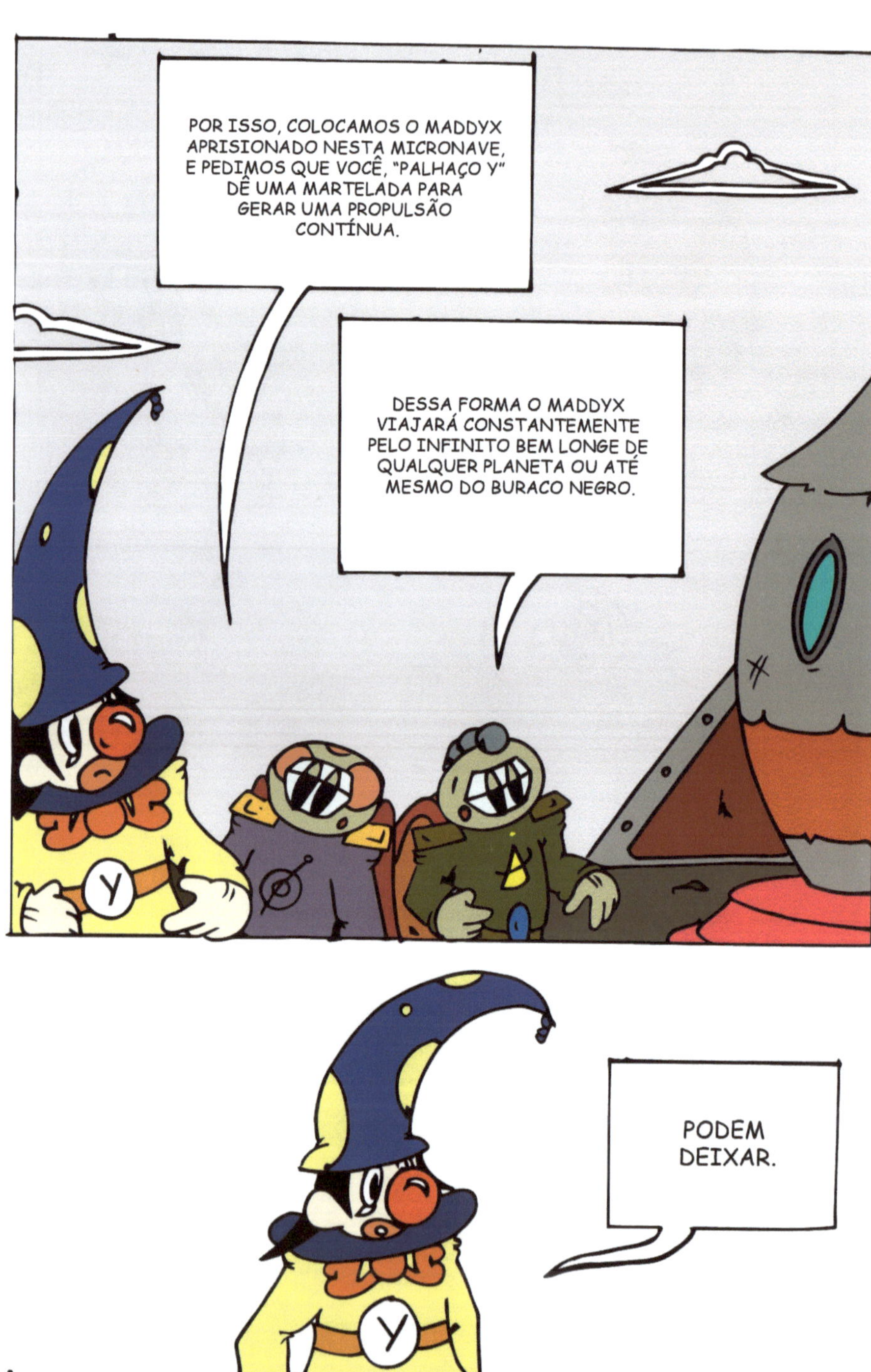
POR ISSO, COLOCAMOS O MADDYX APRISIONADO NESTA MICRONAVE, E PEDIMOS QUE VOCÊ, "PALHAÇO Y" DÊ UMA MARTELADA PARA GERAR UMA PROPULSÃO CONTÍNUA.
DESSA FORMA O MADDYX VIAJARÁ CONSTANTEMENTE PELO INFINITO BEM LONGE DE QUALQUER PLANETA OU ATÉ MESMO DO BURACO NEGRO.
PODEM DEIXAR.

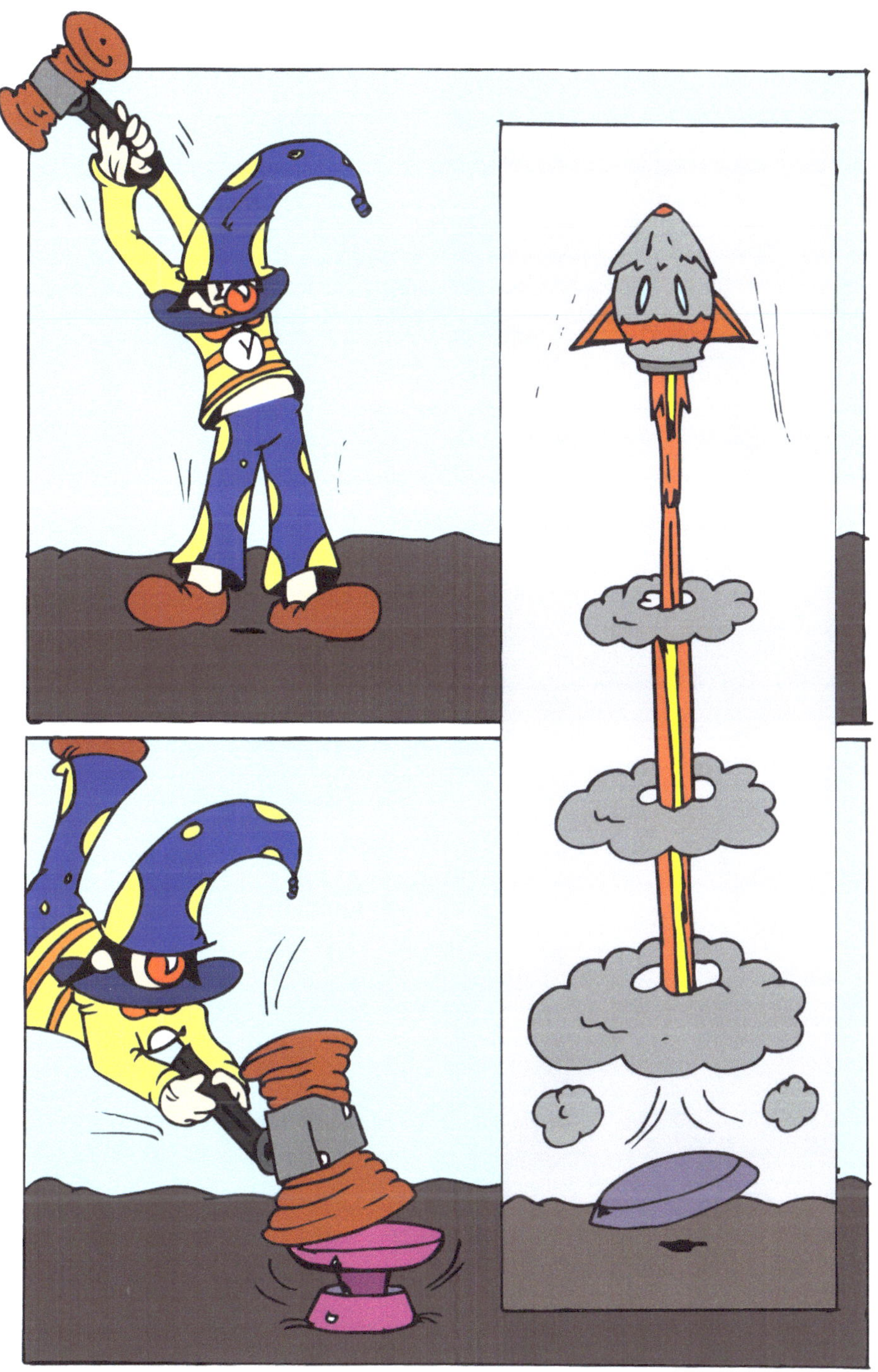

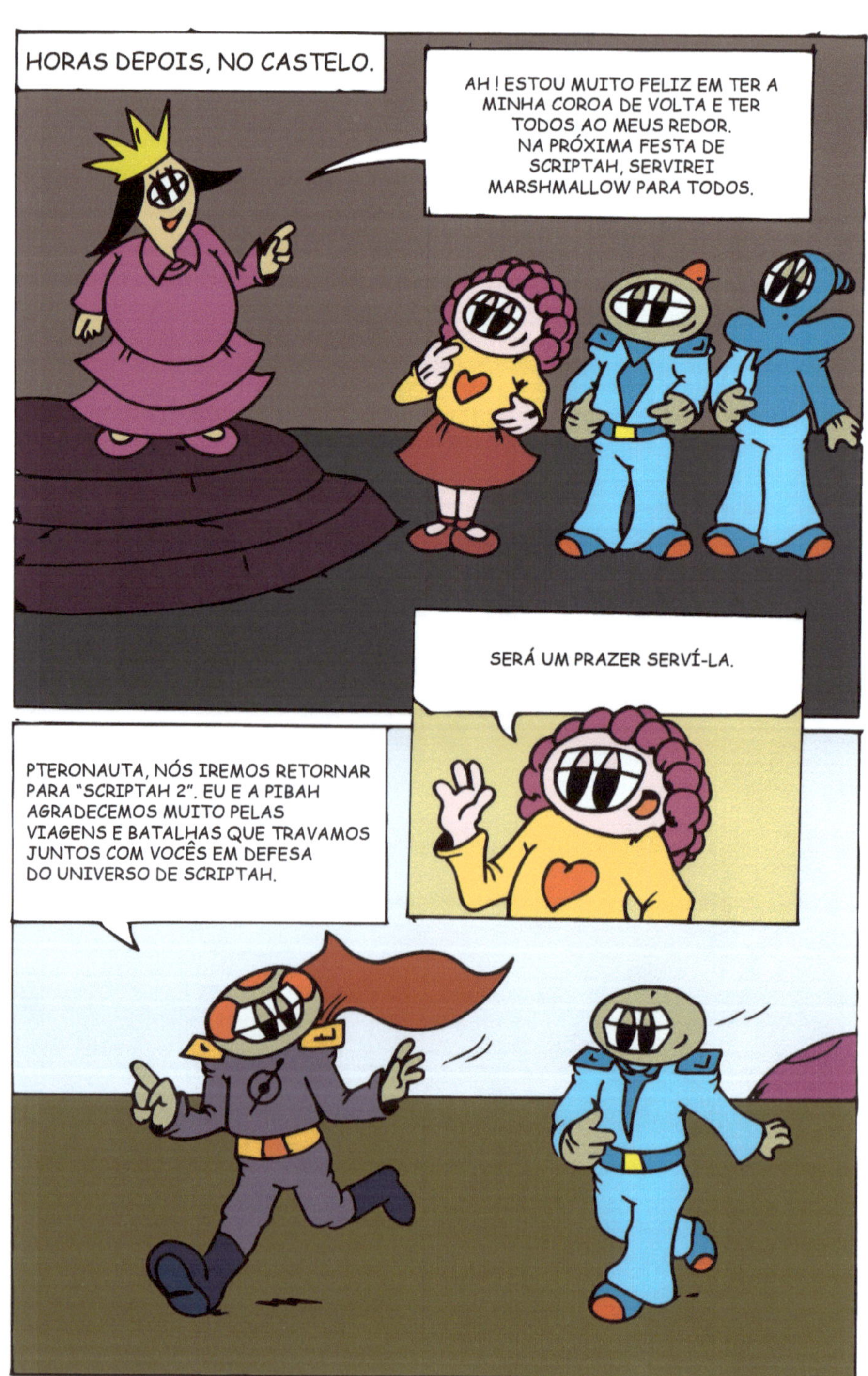
HORAS DEPOIS, NO CASTELO.
AH ! ESTOU MUITO FELIZ EM TER A MINHA COROA DE VOLTA E TER TODOS AO MEUS REDOR. NA PRÓXIMA FESTA DE SCRIPTAH, SERVIREI MARSHMALLOW PARA TODOS.
SERÁ UM PRAZER SERVÍ-LA.
PTERONAUTA, NÓS IREMOS RETORNAR PARA "SCRIPTAH 2". EU E A PIBAH AGRADECEMOS MUITO PELAS VIAGENS E BATALHAS QUE TRAVAMOS JUNTOS COM VOCÊS EM DEFESA DO UNIVERSO DE SCRIPTAH.

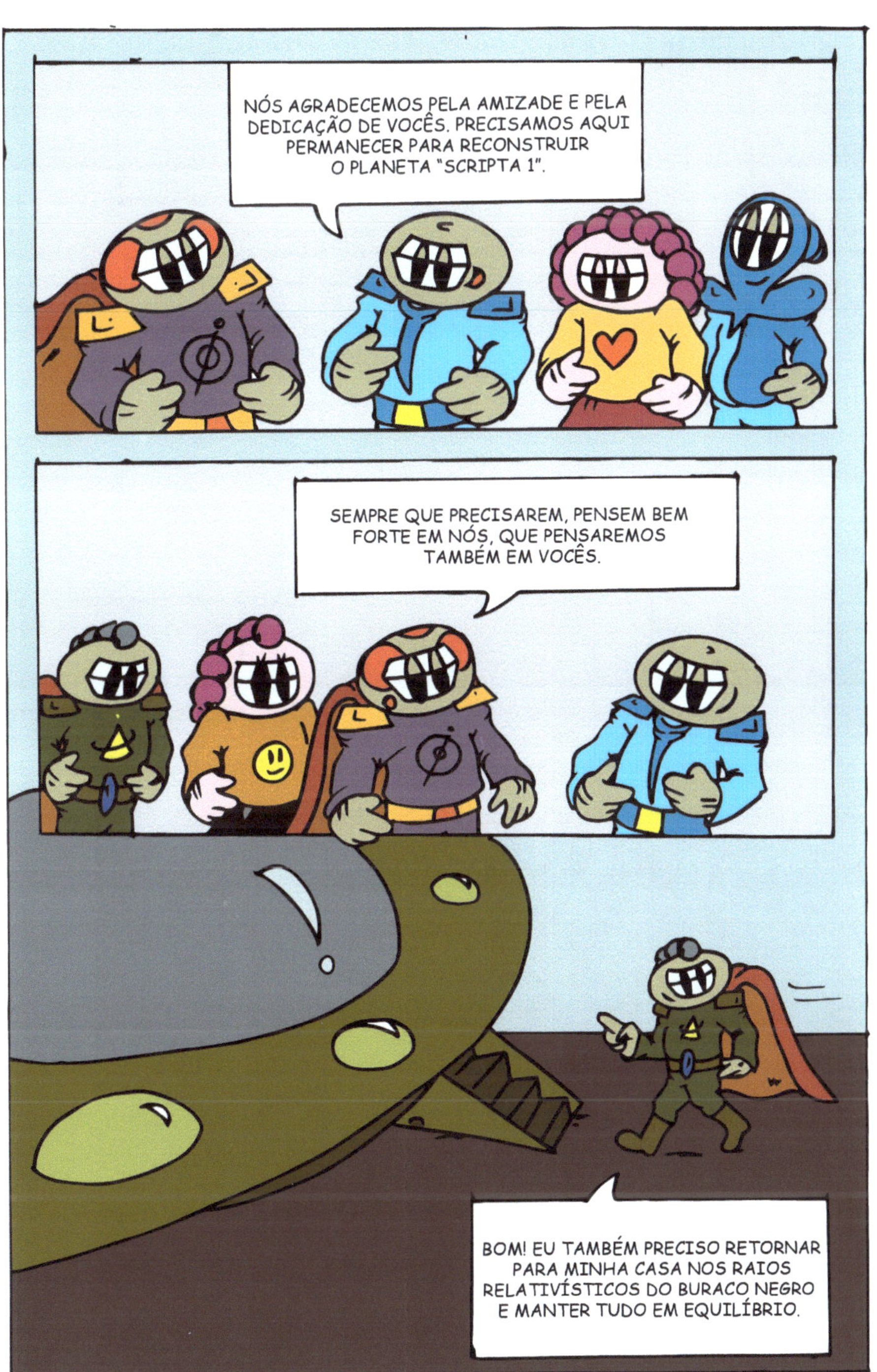
NÓS AGRADECEMOS PELA AMIZADE E PELA DEDICAÇÃO DE VOCÊS. PRECISAMOS AQUI PERMANECER PARA RECONSTRUIR O PLANETA "SCRIPTA 1".
SEMPRE QUE PRECISAREM, PENSEM BEM FORTE EM NÓS, QUE PENSAREMOS TAMBÉM EM VOCÊS.
BOM! EU TAMBÉM PRECISO RETORNAR PARA MINHA CASA NOS RAIOS RELATIVÍSTICOS DO BURACO NEGRO E MANTER TUDO EM EQUILÍBRIO.

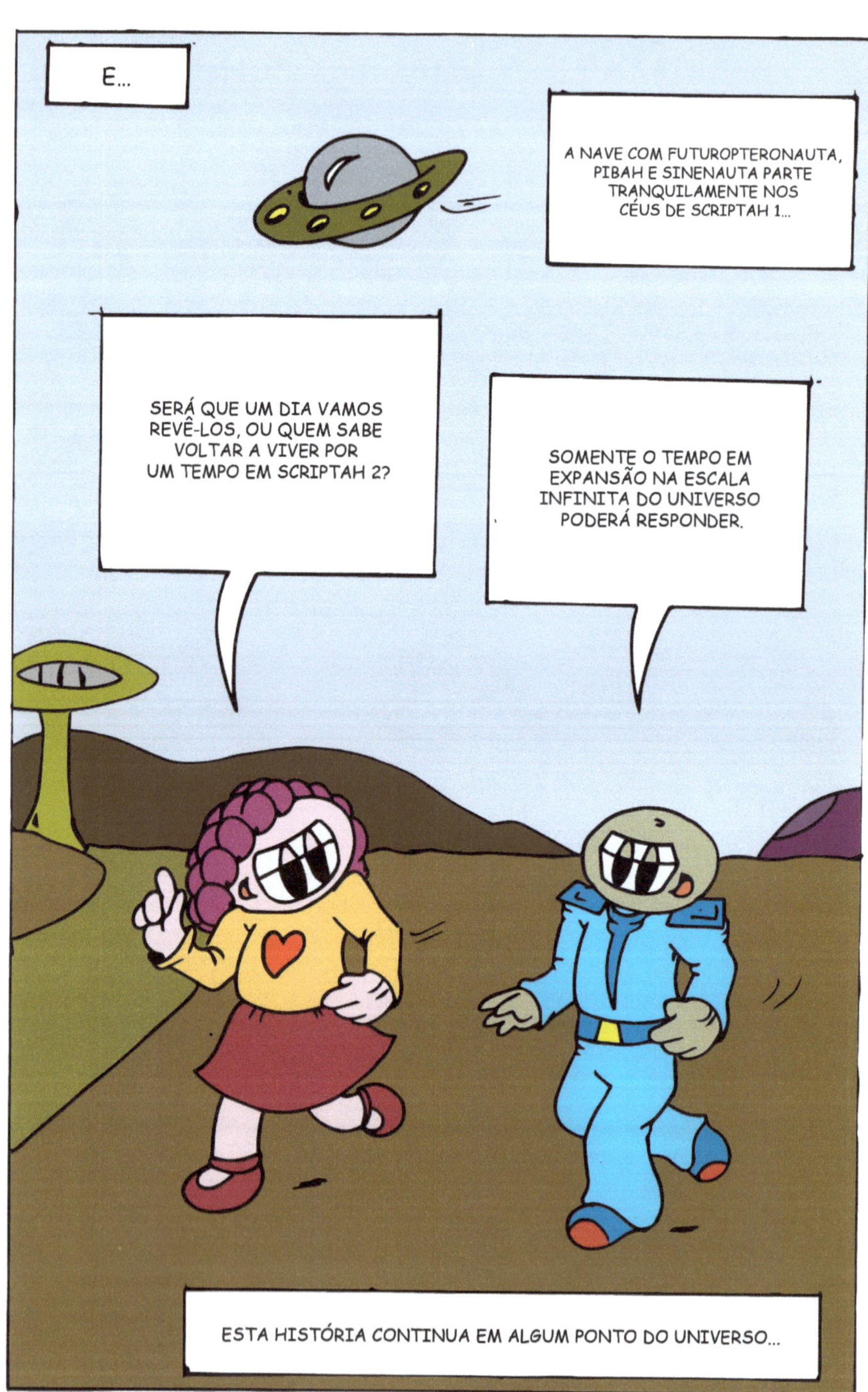
E...
A NAVE COM FUTUROPTERONAUTA,
PIBAH E SINENAUTA PARTE
TRANQUILAMENTE NOS
CÉUS DE SCRIPTAH 1...
SERÁ QUE UM DIA VAMOS
REVÊ-LOS, OU QUEM SABE
VOLTAR A VIVER POR
UM TEMPO EM SCRIPTAH 2?
SOMENTE O TEMPO EM
EXPANSÃO NA ESCALA
INFINITA DO UNIVERSO
PODERÁ RESPONDER.
ESTA HISTÓRIA CONTINUA EM ALGUM PONTO DO UNIVERSO...